김준헌·왕혜경 공저

1 Step

시사중국어사

완전 성공 중국어 Step 1

초판발행	2012년 11월 19일
1판 11쇄	2024년 4월 20일
저자	김준헌, 왕혜경
편집	최미진, 연윤영, 高霞, 엄수연
펴낸이	엄태상
디자인	김지연
콘텐츠 제작	김선웅, 장형진
마케팅본부	이승욱, 왕성석, 노원준, 조성민, 이선민
경영기획	조성근, 최성훈, 김다미, 최수진, 오희연
물류	정종진, 윤덕현, 신승진, 구윤주
펴낸곳	시사중국어사(시사북스)
주소	서울시 종로구 자하문로 300 시사빌딩
주문 및 문의	1588-1582
팩스	0502-989-9592
홈페이지	http://www.sisabooks.com
이메일	book_chinese@sisadream.com
등록일자	1988년 2월 12일
등록번호	제300-2014-89호

ISBN 978-89-7364-686-9 14720
     978-89-7364-690-6(set)

* 이 책의 내용을 사전 허가 없이 전재하거나 복제할 경우 법적인 제재를 받게 됨을 알려 드립니다.
* 잘못된 책은 구입하신 서점에서 교환해 드립니다.
* 정가는 표지에 표시되어 있습니다.

머리말

중국어는 배우기 어렵다고 말하는 사람들이 있습니다. 틀린 말은 아니라고 생각합니다. 성조언어라는 중국어의 특성, 어렵게만 보이는 한자를 표기수단으로 삼는다는 점, 어순이 한국어와 다르다는 점 등, 여러 가지 요인으로 인하여 한국 사람들에게는 더욱 그렇게 느껴지는 것일지도 모릅니다. 그렇지만 훌륭한 선생님과 좋은 교과서를 가지고 열심히 그리고 꾸준히 공부한다면, 중국어만큼 마스터하기 쉬운 언어도 없습니다. 문제는 얼마나 많은 시간과 정열을 중국어에 투자할 수 있느냐입니다만.

저희들은 다른 중국어 교과서에서 채용한 적이 없는 다양한 새로운 시도를 통하여 학습자들이 중국어를 좀 더 효과적으로 습득할 수 있도록, 3년이 넘는 긴 시간을 이 교과서 시리즈 제작에 매달려왔습니다. 교과서는 한국인 남학생과 중국인 여학생의 만남, 성장, 졸업, 사회 진출을 다루게 되며, 두 사람의 가족과 친구들까지도 교과서의 내용 전개에 큰 역할을 하게 됩니다.

각 교과서의 내용 전개와 문법 배치, 연습문제와 신HSK 시험과의 연계성 강화, 사용 단어의 난이도, 단계별 단어 개수 등은 모두 저자 두 사람이 학습자의 학습효과를 진지하게 고민하고 토의하여 결정하였습니다. 이 책으로 적어도 주 2회 2시간 이상 중국어를 꾸준히 공부해 보세요. 반드시 여러분이 원하는 결과를 얻게 될 것입니다.

'멈추어 있지 말라, 느리더라도 전진하는 것이 중요하다(不怕慢, 只怕站)'라는 중국 속담이 있습니다. 외국어 공부에 이보다 더 적합한 좌우명은 없지 않을까요!

왕혜경, 김준헌

이 책의 활용법

학습목표
각 과의 시작 부분에 무엇을 배울 것인지를 제시하였다.

단어
본문에 나오는 새로운 단어를 본문에 나온 순서대로 정리하였고, 각 과당 적절한 학습량으로 조절하였다.

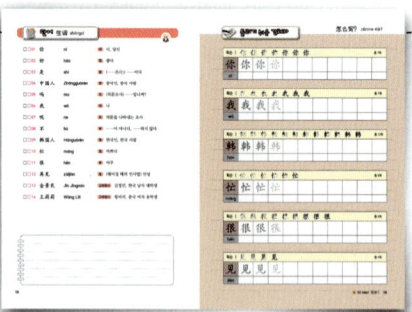

틀리기 쉬운 간체자
새로 나온 한자 중에서 틀리기 쉬운 한자를 골라 올바른 획순에 맞게 쓰는 연습을 할 수 있도록 하였다.

발음
주요 발음을 집중적으로 학습할 수 있도록 쉽고 정확하게 설명하였고, 학습자들이 발음 연습을 충분히 할 수 있도록 구성하였다.

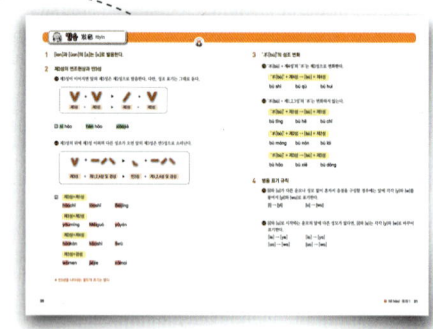

문법
본문에 나오는 주요 문법을 최대한 간단명료하게 설명하였고, 이미 학습한 단어나 평이한 어휘만으로 예문을 만들어 학습자들이 쉽게 이해할 수 있도록 하였다.

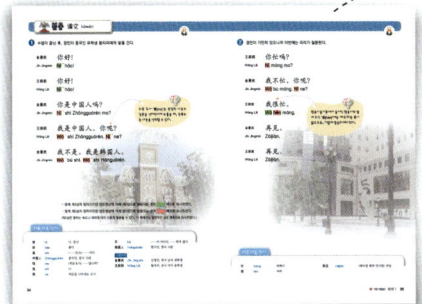

본문
아주 쉽고 기본적인 실용회화를 바탕으로 본문 내용이 하나의 스토리로 전개되어 학습자들이 재미있고 쉽게 이해할 수 있도록 하였다. 보충 설명이 필요한 부분은 TIP을 통해 설명해 놓았다.

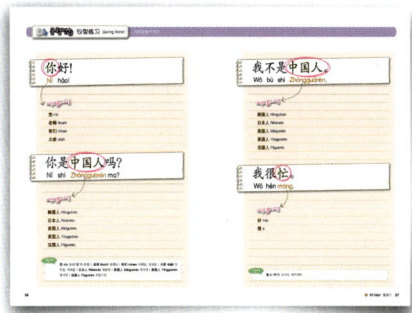

문형연습
중요한 문형은 문형연습을 통해 확실하게 익힐 수 있다. 주어진 단어로 바꾸어 연습하면서 자연스럽게 단어까지 익힐 수 있어서 학습하는데 큰 도움이 된다.

연습문제
앞에서 학습한 내용을 듣기, 읽기, 말하기, 쓰기로 나누어 복습할 수 있도록 하였다. 신HSK 시험과 동일한 문제 유형으로 출제하여 HSK 공부하는데 도움이 되도록 하였다. 특히 학습자들이 많이 어려워하는 중국어 듣기를 충분히 연습할 수 있도록 고심하여 만들었다.

플러스 도우미
각 과에서 배운 내용과 관련된 필수 어휘도 같이 익힐 수 있도록 하였다.

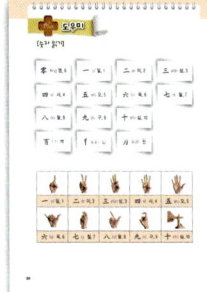

워크북
각 과에서 학습한 내용을 충실히 연습할 수 있도록 다양한 내용으로 구성하였다. 특히 다양하고 특별한 듣기 연습 문제로 듣기 실력 향상에 도움이 되도록 하였다.

차례

머리말 3
이 책의 활용법 4
발음 8

第一课 你好! Nǐ hǎo! 17
안녕하세요!

第二课 您贵姓? Nín guì xìng? 31
존함이 어떻게 되십니까?

第三课 你家有几口人? Nǐ jiā yǒu jǐ kǒu rén? 43
식구가 몇 명이십니까?

第四课 汉语难不难? Hànyǔ nán bu nán? 55
중국어는 어려워요 안 어려워요?

第五课 你的生日是几月几号? Nǐ de shēngrì shì jǐ yuè jǐ hào? 69
당신은 생일이 몇 월 며칠입니까?

第六课 你去哪儿? Nǐ qù nǎr? 83
어디에 가십니까?

第七课 전반부 총복습 95

| 第八课 | 祝你生日快乐！ Zhù nǐ shēngrì kuàilè! 101
생일 축하합니다!

| 第九课 | 你的手机号码是多少？ Nǐ de shǒujī hàomǎ shì duōshao? 113
당신의 휴대 전화 번호는 몇 번입니까?

| 第十课 | 你昨天买了些什么？ Nǐ zuótiān mǎi le xiē shénme? 125
당신은 어제 무엇 무엇을 샀습니까?

| 第十一课 | 他坐飞机来韩国。 Tā zuò fēijī lái Hánguó. 137
그는 한국에 비행기를 타고 옵니다.

| 第十二课 | 你在做什么呢？ Nǐ zài zuò shénme ne? 149
뭘 하고 있어요?

| 第十三课 | 你去过中国吗？ Nǐ qù guo Zhōngguó ma? 161
중국에 간 적이 있나요?

| 第十四课 | 후반부 총복습 173

듣기 원문 및 연습문제 정답 180
본문 해석 190
병음 색인 194
단어 색인 200
중국어 음절표 206

fāyīn 发音
발음

중국어란?

가. 중국의 표준어: 보통화(普通话 pǔtōnghuà)

넓은 땅과 많은 인구를 자랑하는 중국에는 그 만큼 다양한 사투리(方言)가 존재한다. 서로 다른 사투리를 말하는 사람들끼리는 의사소통에 장애가 발생할 정도로 심각한 언어 차이가 있다. 이 때문에 일찍부터 표준어의 필요성을 절감했던 중국 정부는 1955년 10월 개최한 '중국문자개혁회의(中国文字改革会议)'에서 중국의 표준어를 다음과 같이 규정하였다.

> "북경음(北京音)을 표준음으로 하고, 북방방언을 기초 방언으로 설정하며, 모범적인 현대 백화문(白话文)으로 된 저작을 문법의 규범으로 삼는다"

이 표준어의 명칭을 '보통화(普通话 pǔtōnghuà)'라고 한다.

나. 표기 수단: 간체자(简体字 jiǎntǐzì)

중국어의 표기는 한자로 하는데, 전통적인 한자의 획수를 줄여서 쓰기 편리하게 만든 한자인 '간체자(简体字 jiǎntǐzì)'를 사용한다. 우리나라, 대만(台湾) 및 홍콩(香港) 등지에서 사용하고 있는 전통적인 한자는 번체자(繁体字 fántǐzì)라고 하여 간체자와 구별하고 있다.

번체자와 간체자의 예	
번체자(繁体字 fántǐzì)	간체자(简体字 jiǎntǐzì)
學 (배울 학)	学
習 (익힐 습)	习

다. 발음 표기법: 병음(拼音 pīnyīn)

상형문자(象形文字)인 한자는 표음문자가 아니기 때문에 글자 스스로 자신의 발음을 나타내기 힘들다. 병음(拼音 pīnyīn)은 이러한 중국어의 취약점을 보완하기 위하여 만들어진 현대 중국어의 '발음표기법'이다. 상형문자인 한자의 소리를 표시하기 위하여 표음문자인 알파벳의 발음표기 기능을 빌려 온 셈이라고 하겠다.

발음 설명

중국어를 표기하는 수단인 한자에는 글자마다 세 가지 성분, 즉 성조(声调), 운모(韵母), 성모(声母)가 숨어 있다. 이 셋은 늘 같이 붙어 다니므로, 전체를 한 세트라고 생각하고 함께 익혀야 한다.

(1) 성조(声调 shēngdiào): 중국어 음절 전체에 걸쳐 영향을 미치는 음의 높낮이.

(2) 운모(韵母 yùnmǔ): 음절의 첫 머리를 제외한 나머지 부분. '모음', '모음+n', '모음+ng'의 세 가지 유형이 있다.

(3) 성모(声母 shēngmǔ): 음절의 첫 머리에 등장하는 자음.

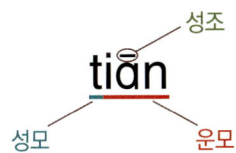

성조(声调 shēngdiào)

성조란 소리의 높낮이다. 중국어의 표준어(보통화)에는 모두 네 개의 기본 성조와 두 개의 파생 성조가 있다. 기본 성조 네 개는 각각 제1성, 제2성, 제3성, 제4성, 파생 성조 두 개는 각각 반3성(제3성에서 파생)과 경성(轻声)이라고 부른다. 기본 성조 중에서 순수한 제3성은 반3성에 비하여 출현빈도 측면에서 훨씬 떨어지기 때문에 이 책에서는 반3성을 기본 성조에 포함시켜 연습하고, 제3성은 마지막에 설명하기로 한다.

우선 여러분이 평소에 이야기할 때, 제일 낮은 음을 숫자 '1', 제일 높은 음을 '5'라고 하고 아래의 표를 보면서 연습해 보자.

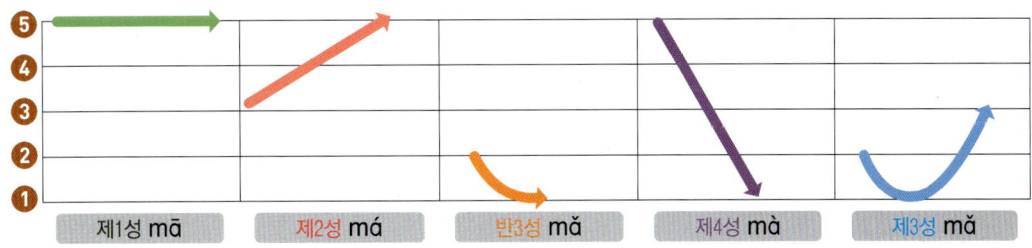

성조 유형	표기법	발음 방법
제1성(ā)	─	5→5. 가장 높은 음에서 시작하여 평탄하게 지속한다.
제2성(á)	╱	3→5. 중간 높이에서 시작하여 가장 높은 음까지 급격하게 상승한다.
반3성(ǎ)	∨ (제3성과 동일)	2→1. 약간 낮은 음에서 제일 낮은 음까지 살짝 내려간다. *본 교재에서는 반 3성으로 변화하는 한자의 병음은 분홍색으로 구분해서 표시하였다.
제4성(à)	╲	5→1. 가장 높은 음에서 가장 낮은 음까지 급격하게 하강한다.
제3성(ǎ)	∨	2→1→3. 약간 낮은 음에서 제일 낮은 음까지 일단 내려갔다가 다시 중간 음까지 상승한다.

운모(韵母 yùnmǔ)

성모와 성조를 제외한 나머지 음절.

(1) 단운모(单韵母 dānyùnmǔ): 하나의 운모로 구성된 기본 운모.

a	우리말의 '아'보다 입을 좀 더 크게 벌리고 발음한다.
o	우리말의 '오'보다 입술을 좀 더 둥글게 벌려 발음한다.
e	우리말의 '으'와 '어'를 아주 빨리 같이 발음하듯이 소리낸다.
i	입술을 양쪽 귀 쪽으로 더 잡아당긴다는 느낌으로 '이'를 길게 발음한다.
u	우리말의 '우'를 말할 때보다 입술을 더 둥글게 하고 발음한다.
ü	휘파람을 불 때처럼 입술을 둥글게 하고 '위'를 발음하는데, 입술 모양만은 처음부터 끝까지 같은 상태로 유지해야 한다.

(2) 복운모(复韵母 fùyùnmǔ): 단운모가 두 개 이상 모여서 이루어진 운모.

ai, ei, ao, ou	첫 번째 운모는 조금 세게, 두 번째 운모는 상대적으로 가볍게 발음한다.
ia, ie, ua, uo, üe	첫 번째 운모는 조금 약하게, 두 번째 운모는 상대적으로 세게 발음한다.

iao, iou, uai, uei 가운데 운모를 제일 세게 발음하고 앞뒤의 운모는 상대적으로 가볍게 발음한다.

※ [e]가 [ei], [uei], [üe]와 같이 복운모의 일부로 쓰일 때는 우리말의 '에'와 비슷하게 발음한다.

(3) **콧소리 운모**(鼻韵母 bíyùnmǔ): 중국어의 발음에서 우리말의 받침에 해당하는 것은 [-n]과 [-ng]의 두 종류뿐이다.

ian과 üan 가운데 [a]는 앞의 [i]와 [ü] 그리고 뒤에 오는 [n]의 영향으로 우리말의 '에'와 비슷하게 변화한다.

en과 eng 이 [e]는 우리말의 '어'와 흡사하게 소리난다.

(4) **특수한 발음 [er]**: 혀를 살짝 들어 올려 '얼'을 발음한다.

성모(声母 shēngmǔ)

성모는 단독으로 발음할 수 없기 때문에 비슷한 자리에서 소리나는 운모를 같이 붙여서 연습한다. 별도의 성조 표기가 없더라도 연습할 때는 제1성으로 발음한다.

(1) [bo] [po] [mo] [fo]

bo 입술을 붙였다가 떼면서 우리말의 '뽀'를 발음한다. 이 때 숨이 살짝 새어 나온다.
po 입술을 붙였다가 떼면서 우리말의 '포'를 발음한다. 이 때 숨을 한꺼번에 내뱉어야 한다.
mo 입술을 붙였다가 떼면서 우리말의 '모'를 발음한다.
fo 윗니를 아랫입술에 살짝 붙였다가 떼면서 발음한다. 영어의 'f'음을 연상하면 된다.

(2) [de] [te] [ne] [le]

de 혀끝이 윗니에서 떨어지면서 나는 소리이다. 이 때 숨이 살짝 새어 나온다.
te 혀끝이 윗니에서 떨어지는 순간 참고 있던 숨을 한꺼번에 내뱉는다는 느낌으로 발음한다.
ne 우리말의 'ㄴ'을 연상하면 된다.
le 영어의 'l'음을 연상하면 된다.

(3) [ge] [ke] [he]

ge 혀뿌리를 입천장(연구개)에 대고 있다가 살짝 떼면서 목을 약간 긴장시킨 상태에서 발음한다.

ke 혀뿌리를 입천장에 대고 있다가 살짝 떼면서 목을 약간 긴장시킨 상태에서 숨을 강하게 폭발시킨다는 느낌으로 발음한다.

he 우리말의 'ㅎ'이나 영어의 'h'를 발음할 때보다 좀 더 목을 긴장시킨 상태에서 발음한다.

(4) [ji] [qi] [xi]

ji 혀끝을 아랫니의 뒤쪽에 대고 입술을 좌우 귀 쪽으로 잡아당긴다는 느낌으로 발음한다.

qi 혀끝을 아랫니의 뒤쪽에 대고 입술을 좌우 귀 쪽으로 충분히 잡아당긴 상태에서 숨을 내뿜으면서 발음한다.

xi 발음할 때의 요령은 [ji], [qi]와 같다. 우리말의 '시'와 비슷한 소리가 난다.

(5) [zhi] [chi] [shi] [ri]

자신의 혀로 입안의 윗니부터 입천장까지 한 번 살짝 훑어본다. 윗니, 잇몸, 조금 딱딱한 입천장 부위가 차례대로 느껴질 것이다. 더 위로 올라가면, 깊은 계곡 같은 부위가 느껴진다. 깊어지기 직전의 경계선에 해당한다고 생각하는 지점에 혀끝을 대고 발음한다.

zhi 위에서 설명한 부위에 혀끝을 댄 채 자신의 혀로 입천장을 가린다고 생각하면서 발음한다. 발음과정의 처음부터 끝까지 혀를 움직이지 않도록 주의하고, 숨은 가능한 한 억제한다.

chi [zhi]를 발음할 때와 요령은 같지만, 숨을 강하게 뱉는다.

shi 혀의 위치는 [zhi]나 [chi]와 같지만, 혀를 입천장에 완전히 붙이지 않고 살짝 허공에 띄워둔다. 그 다음 목에서 나온 공기가 혀와 입천장 사이에 생긴 틈으로 빠져나가도록 유도한다.

ri [shi]를 발음하는 요령과 같다. 다만, 성대를 [shi]보다 훨씬 많이 진동시켜야 한다. 영어의 'r'보다 바람이 빠지는 탁한 소리가 많이 들리는 특수한 성모이다.

(6) [zi] [ci] [si]

zi 입술을 좌우 귀 쪽으로 당긴 다음, 혀끝을 윗니와 아랫니의 사이에 대었다가 아랫니 쪽으로 살짝 떼면서 발음한다.

ci [zi]와 발음 요령은 같다. 다만, 숨을 강하게 뱉어내야 한다.

si [zi]나 [ci]의 발음 요령과 같다. 우리말의 '쓰'를 발음하는 느낌으로 소리를 낸다.

경성(轻声 qīngshēng)의 발음

다른 성조에 비하여 짧고 가볍게 발음하기 때문에 경성(轻声)이라고 하며, 별도의 성조 기호는 없다.

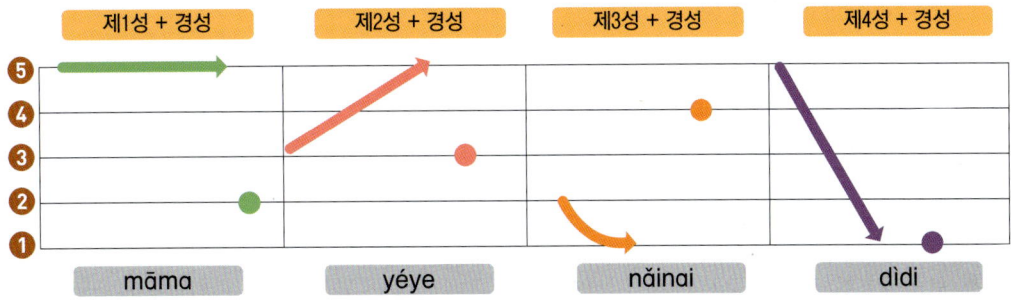

병음 표기상의 유의점

(1) 성조 기호 표기 원칙

　가. 반드시 운모 위에 붙인다. 성모에 붙여서는 안 된다. 예) bǎo, nǎi
　나. 운모가 하나뿐이라면 바로 그 운모 위에 붙인다. 예) mā, dì
　다. 운모가 세 개라면 중간 운모 위에 붙인다. 예) xiǎo, kuài
　라. 운모가 두 개인 경우, 두 운모 중에 [i]나 [u]가 있다면, [i]와 [u] 이외의 다른 운모 위에 붙인다.
　　　예) zuò, xiě
　마. 두 개의 운모가 [iu] 혹은 [ui]로 이루어져 있다면, 뒤에 붙인다. 예) jiǔ, huì
　바. [i]나 [u]를 포함하지 않는 두 개의 운모로 이루어져 있다면, 둘 중 앞에 오는 운모에 붙인다.
　　　예) hǎo, gāo
　사. [i] 위에 성조 기호를 표기해야 할 경우, 점을 없애고 그 자리에 붙인다. 예) qī, xing

(2) 병음 운모 표기법

　가. 다른 성모나 운모 없이 [i], [u], [ü]만 있을 경우
　　　❶ [i] → [yi] : 이 때 [y]는 아무런 의미도 없다.
　　　❷ [u] → [wu] : 이 때 [w]는 아무런 의미도 없다.
　　　❸ [ü] → [yu] : 이 때 [y]는 [i]를 대신한다. [ü]에는 [i]음도 섞여 있기 때문이다.

나. 다른 성모 없이 [i], [u], [ü]로 시작하는 복운모

　❶ [ie] → [ye] : [ie]의 [i]는 [y]로 바꾸어 표기한다.

　❷ [uo] → [wo] : [uo]의 [u]는 [w]로 바꾸어 표기한다.

　❸ [üe] → [yue] : [üe]의 [ü]는 [yu]로 바꾸어 표기한다.

다. 성모 [j], [q], [x]와 [ü]가 결합할 경우, [ü]의 두 점은 생략한다.

　❶ [j] + [ü] → [ju]

　❷ [x] + [üe] → [xue]

　❸ [q] + [ü] → [qu]

라. '성모 + [iou]'는 '성모 + [iu]'로 표기한다.

　❶ [q] + [iou] → [qiu]

　❷ [n] + [iou] → [niu]

　※ 앞에 다른 성모가 없다면, [iou]의 [i]를 [y]로 표기하여야 한다는 '가'와 '나'의 규칙이 적용되기 때문에, 다른 발음 표기와의 착각을 방지하기 위하여 [i]와 [u]의 사이에 반드시 [o]를 표기해 주어야 한다.

마. '성모+[uei/uen]'은 '성모+[ui/un]'으로 표기한다.

　❶ [d] + [uei] → [dui]

　❷ [g] + [uei] → [gui]

　❸ [l] + [uen] → [lun]

　❹ [d] + [uen] → [dun]

　※ 앞에 다른 성모가 없다면, [u]를 [w]로 표기하여야 한다는 '가'와 '나'의 규칙이 적용되기 때문에, 다른 발음 표기와의 착각을 방지하기 위하여 [u]와 [i]/[n]의 사이에 반드시 [e]를 표기해 주어야 한다.

부록에 있는 중국어 발음 음절표를 참고하세요!

第一课

你好!
Nǐ hǎo!

학습목표

인칭대명사

인사말 표현   Nǐ hǎo! 你好！ Zàijiàn! 再见！

동사술어문   주어 + 동사(술어) + 목적어

부정사 '不[bù]'   Bú shì. 不是。

형용사술어문   주어 (+ 很 [hěn]) + 형용사

'吗[ma]' 의문문   Nǐ máng ma? 你忙吗？

단어 生词 shēngcí

01	你	nǐ	대 너, 당신
02	好	hǎo	형 좋다
03	是	shì	동 (……은/는) ……이다
04	中国人	Zhōngguórén	명 중국인, 중국 사람
05	吗	ma	조 (의문조사) ……입니까?
06	我	wǒ	대 나
07	呢	ne	조 의문을 나타내는 조사
08	不	bù	부 ……이 아니다, ……지 않다
09	韩国人	Hánguórén	명 한국인, 한국 사람
10	忙	máng	형 바쁘다
11	很	hěn	부 아주
12	再见	zàijiàn	동 (헤어질 때의 인사말) 안녕
13	金景民	Jīn Jǐngmín	고유명사 김경민. 한국 남자 대학생
14	王莉莉	Wáng Lìli	고유명사 왕리리. 중국 여자 유학생

怎么写? zěnme xiě?

획순	你 你 你 你 你 你 你									총 7획
你 nǐ	你	你	你							

획순	我 我 我 我 我 我 我									총 7획
我 wǒ	我	我	我							

획순	韩 韩 韩 韩 韩 韩 韩 韩 韩 韩 韩 韩									총 12획
韩 hán	韩	韩	韩							

획순	忙 忙 忙 忙 忙 忙									총 6획
忙 máng	忙	忙	忙							

획순	很 很 很 很 很 很 很 很 很									총 9획
很 hěn	很	很	很							

획순	见 见 见 见									총 4획
见 jiàn	见	见	见							

발음 发音 fāyīn

1 [ian]과 [üan]의 [a]는 [ɛ]로 발음한다.

2 제3성의 변조현상과 반3성

㉮ 제3성이 이어지면 앞의 제3성은 제2성으로 발음한다. 다만, 성조 표기는 그대로 둔다.

예 nǐ hǎo   hěn hǎo   xiǎojiě

㉯ 제3성의 뒤에 제3성 이외의 다른 성조가 오면 앞의 제3성은 반3성으로 소리난다.

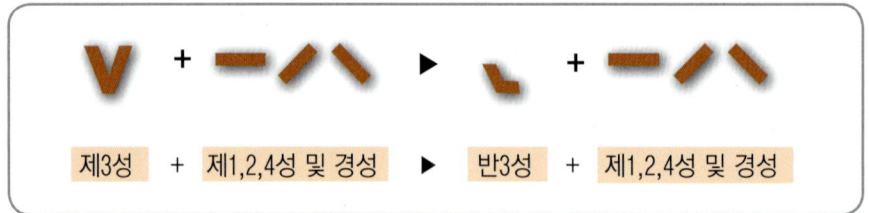

예 제3성+제1성
hǎochī   lǎoshī   Běijīng

제3성+제2성
yǒumíng   Měiguó   yǔyán

제3성+제4성
hǎokàn   kǎoshì   lǐwù

제3성+경성
wǒmen   jiějie   nǎinai

❖ 반3성을 나타내는 별도의 표기는 없다.

3 '不[bù]'의 성조 변화

㉮ '不[bù] + 제4성'의 '不'는 제2성으로 변화한다.

'不[bù]' + 제4성 → [bú] + 제4성

bú shì   bú qù   bú huì

㉯ '不[bù] + 제1,2,3성'의 '不'는 변화하지 않는다.

'不[bù]' + 제1성 → [bù] + 제1성

bù tīng   bù hē   bù chī

'不[bù]' + 제2성 → [bù] + 제2성

bù máng   bù nán   bù lái

'不[bù]' + 제3성 → [bù] + 제3성

bù hǎo   bù xiě   bù dǒng

4 병음 표기 규칙

㉮ [i]와 [u]가 다른 운모나 성모 없이 혼자서 음절을 구성할 경우에는 앞에 각각 [y]와 [w]를 붙여서 [yi]와 [wu]로 표기한다.

[i] → [yi]   [u] → [wu]

㉯ [i]와 [u]로 시작하는 운모의 앞에 다른 성모가 없다면, [i]와 [u]는 각각 [y]와 [w]로 바꾸어 표기한다.

[ie] → [ye]   [ia] → [ya]
[ua] → [wa]   [uo] → [wo]

문법 语法 yǔfǎ

1 인칭대명사와 복수형 접미사

	제1인칭	제2인칭		제3인칭		
		일반형	존경형	남성	여성	기타
단수	我[wǒ]	你[nǐ]	您[nín]	他[tā]	她[tā]	它[tā]
복수	我们[wǒmen]	你们[nǐmen]		他们[tāmen]	她们[tāmen]	它们[tāmen]

일반적인 직업 명사 뒤에도 접미사 '们[men]'을 덧붙여 복수형을 만들 수 있다.
- 学生[xuésheng] + 们[men] 복수형 접미사 → 学生们[xuéshengmen] 학생들

2 인사말 표현 : '你好 Nǐ hǎo!'의 '你 nǐ'의 자리에 적절한 대명사를 삽입한다.

- 일반적인 인사 : 你好！ Nǐ hǎo!

    大家好！ Dàjiā hǎo!

- 어른에 대한 인사 : 您好！ Nín hǎo!

    老师好！ Lǎoshī hǎo!

* 大家[dàjiā] 여러분   您[nín] 당신('你'의 존칭)   老师[lǎoshī] 선생님

3 동사술어문 : 동사가 술어인 문장

> **어순** 주어 + 동사(술어) + 목적어

我　　是　　韩国人。
Wǒ　　shì　　Hánguórén.

> **부정** 주어 + 不[bù] + 동사(술어) + 목적어

我　　不　　是　　韩国人。
Wǒ　　bú　　shì　　Hánguórén.

4 형용사술어문 : 형용사가 술어인 문장

일반적으로 부사 '很[hěn]'은 정도를 강조하는 역할을 하지만, 형용사술어문(긍정문)의 '很[hěn]'에서는 단순히 어조를 정리하는 역할을 할 뿐 강조의 의미는 없으며, 발음 역시 가볍게 한다.

5 '吗 [ma]' 의문문

평서문의 문미에 '吗 [ma]'를 덧붙이면 의문문을 만들 수 있다.

- 평서문 : 我是韩国人。Wǒ shì Hánguórén.
- 의문문 : 你是韩国人吗？ Nǐ shì Hánguórén ma?

본문 课文 kèwén

1 수업이 끝난 후, 경민이 중국인 유학생 왕리리에게 말을 건다.

金景民　你好!
Jīn Jǐngmín　Nǐ*hǎo!

王莉莉　你好!
Wáng Lìli　Nǐ*hǎo!

金景民　你是中国人吗?
Jīn Jǐngmín　Nǐ*shì Zhōngguórén ma?

王莉莉　我是中国人。你呢?
Wáng Lìli　Wǒ*shì Zhōngguórén. Nǐ*ne?

金景民　我不是。我是韩国人。
Jīn Jǐngmín　Wǒ*bú shì. Wǒ*shì Hánguórén.

Tip 의문 조사 '呢[ne]'는 동일한 내용의 질문을 상대방에게 되물을 때, 중복되는 내용을 생략할 수 있다.

*: 원래 제3성의 한자이지만 변조현상에 의해 제2성으로 발음되는 경우 ▇ 색으로 표시하였다.
*: 원래 제3성의 한자이지만 변조현상에 의해 반3성으로 발음되는 경우 ▇ 색으로 표시하였다.
(제3성은 말하는 속도나 의미에 따라 다르게 발음될 수 있다. 이 책에서는 일반적인 성조 변화대로 표시하였다.)

새로 나온 단어

你	nǐ	너, 당신
好	hǎo	좋다
是	shì	(……은/는) ……이다
中国人	Zhōngguórén	중국인, 중국 사람
吗	ma	(의문조사) ……입니까?
我	wǒ	나
呢	ne	의문을 나타내는 조사
不	bù	……이 아니다, ……지 않다
韩国人	Hánguórén	한국인, 한국 사람

고유명사

金景民	Jīn Jǐngmín	김경민. 한국 남자 대학생
王莉莉	Wáng Lìli	왕리리. 중국 여자 유학생

2 경민이 가만히 있으니까 이번에는 리리가 질문한다.

王莉莉　你忙吗?
Wáng Lìli　Nǐ máng ma?

金景民　我不忙。你呢?
Jīn Jǐngmín　Wǒ bù máng. Nǐ ne?

王莉莉　我很忙。
Wáng Lìli　Wǒ hěn máng.

> **Tip**
> 형용사술어문에서 술어인 형용사의 앞에 쓰인 '很[hěn]'에는 '매우'라는 뜻이 없으므로, 가볍게 발음하여야 한다.

金景民　再见。
Jīn Jǐngmín　Zàijiàn.

王莉莉　再见。
Wáng Lìli　Zàijiàn.

새로 나온 단어

| 忙 | máng | 바쁘다 | 再见 | zàijiàn | (헤어질 때의 인사말) 안녕 |
| 很 | hěn | 아주 | | | |

문형연습 句型练习 jùxíng liànxí 기본문형 익히기

你好!
Nǐ hǎo!

바꿔 봅시다!

您 nín
老师 lǎoshī
你们 nǐmen
大家 dàjiā

你是中国人吗?
Nǐ shì Zhōngguórén ma?

바꿔 봅시다!

韩国人 Hánguórén
日本人 Rìběnrén
美国人 Měiguórén
英国人 Yīngguórén
法国人 Fǎguórén

단어
您 nín 당신('你'의 존칭) | 老师 lǎoshī 선생님 | 你们 nǐmen 너희들, 당신들 | 大家 dàjiā 모두들, 여러분 | 日本人 Rìběnrén 일본인 | 美国人 Měiguórén 미국인 | 英国人 Yīngguórén 영국인 | 法国人 Fǎguórén 프랑스인

我不是中国人。
Wǒ bú shì Zhōngguórén.

韩国人 Hánguórén
日本人 Rìběnrén
美国人 Měiguórén
英国人 Yīngguórén
法国人 Fǎguórén

我很忙。
Wǒ hěn máng.

好 hǎo
饿 è

단어
饿 è (배가) 고프다, 허기지다

연습문제 练习 liànxí

听 tīng 듣기

1. 녹음을 듣고 발음 연습을 해 보시오.

(1)
| yī | wǔ | yǔ |
| yǎn | wǎn | yuán |

(2)
bùtīng	bùzú	bùtóng
bùjǐn	bùguǎn	bùkān
búdàn	búduàn	búguò
búyào	búbiàn	búcuò

2. 녹음을 듣고 맞는 것을 찾으시오.

(1)
①  ②  ③

(2)
①  ②  ③

(3)
①  ②  ③

阅读 yuèdú 읽기

1. 서로 관련 있는 것끼리 짝을 지으시오.

    A 我不忙。Wǒ bù máng.　　　　　　　　·　　　　　·　① 你好！Nǐ hǎo!

    B 你是韩国人吗? Nǐ shì Hánguórén ma?　·　　　　　·　② 再见！Zàijiàn!

    C 你好！Nǐ hǎo!　　　　　　　　　　　·　　　　　·　③ 你忙吗? Nǐ máng ma?

    D 再见！Zàijiàn!　　　　　　　　　　·　　　　　·　④ 我是韩国人。Wǒ shì Hánguórén.

2. 보기에서 적당한 단어를 골라 빈칸을 채우시오.

보기	是 shì　　不 bù　　很 hěn

   (1) 你(　　)中国人吗?　　Nǐ(　　)Zhōngguórén ma?

   (2) 我(　　)是中国人。　　Wǒ(　　)shì Zhōngguórén.

   (3) 我(　　)忙。　　　　　Wǒ(　　)máng.

说 shuō 말하기

다음 대화를 완성하시오.

(1) A : 你好！Nǐ hǎo!

    B : _____

(2) A : 再见！Zàijiàn!

    B : _____

(3) A : _____

    B : 我是中国人。Wǒ shì Zhōngguórén.

写 xiě 쓰기

다음을 중국어로 작문하시오.

(1) 안녕하세요.　_____

(2) 저는 한국인입니다.　_____

❶ Nǐ hǎo! 你好!

[숫자 읽기]

零 líng 영, 0	一 yī 일, 1	二 èr 이, 2	三 sān 삼, 3
四 sì 사, 4	五 wǔ 오, 5	六 liù 육, 6	七 qī 칠, 7
八 bā 팔, 8	九 jiǔ 구, 9	十 shí 십, 10	
百 bǎi 백	千 qiān 천	万 wàn 만	

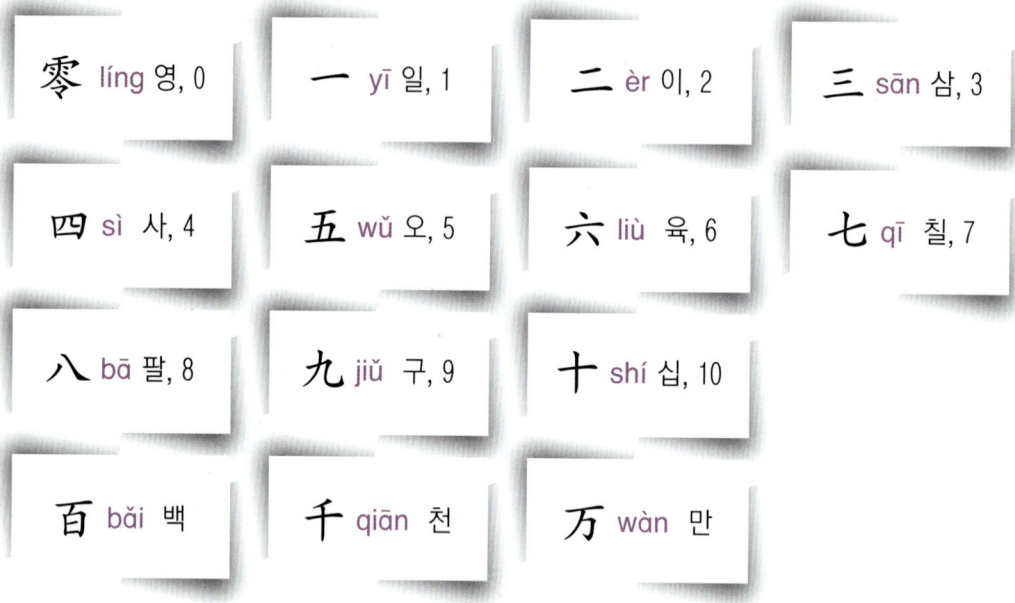

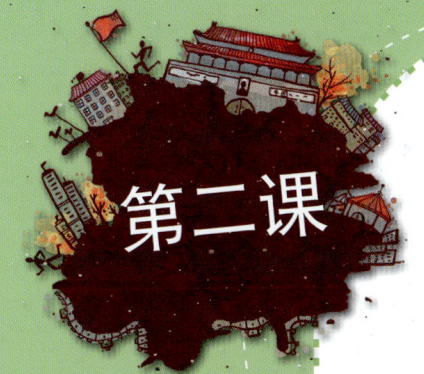

第二课

您贵姓?
Nín guì xìng?

학습목표

이름 묻고 답하기
Nǐ jiào shénme míngzi? 你叫什么名字?

의문대명사 '什么[shénme]'의 용법
Nǐ jiào shénme míngzi? 你叫什么名字?

명사술어문　Míngtiān xīngqīwǔ. 明天星期五。

生词 shēngcí

- □□ 01 您 nín 　대　당신('你'의 존칭)
- □□ 02 贵 guì 　형　상대방에 대한 존경의 뜻을 나타내는 말
- □□ 03 姓 xìng 　동　성은 ……이라고 한다
- □□ 04 哈哈 hāhā 　의성　웃음소리
- □□ 05 叫 jiào 　동　(이름을) ……라고 하다, ……라고 부르다
- □□ 06 什么 shénme 　대　무엇, 무슨
- □□ 07 名字 míngzi 　명　이름
- □□ 08 认识 rènshi 　동　알다
- □□ 09 高兴 gāoxìng 　형　기쁘다, 즐겁다
- □□ 10 也 yě 　부　……도, ……또한, 역시
- □□ 11 明天 míngtiān 　명　내일

　　*今天 jīntiān 　명　오늘

- □□ 12 星期 xīngqī 　명　요일

　　*星期一 xīngqīyī 　명　월요일　　*星期二 xīngqī'èr 　명　화요일
　　*星期三 xīngqīsān 　명　수요일　　*星期四 xīngqīsì 　명　목요일
　　*星期五 xīngqīwǔ 　명　금요일　　*星期六 xīngqīliù 　명　토요일
　　*星期天 xīngqītiān 　명　일요일

- □□ 13 几 jǐ 　대　10이하의 숫자를 묻는 의문사. 몇
- □□ 14 见 jiàn 　동　만나다

怎么写? zěnme xiě?

| 획순 | 您 您 您 您 您 您 您 您 您 您 您 | 총 11획 |

您 您 您 您
nín

| 획순 | 贵 贵 贵 贵 贵 贵 贵 贵 贵 | 총 9획 |

贵 贵 贵 贵
guì

| 획순 | 名 名 名 名 名 名 | 총 6획 |

名 名 名 名
míng

| 획순 | 兴 兴 兴 兴 兴 兴 | 총 6획 |

兴 兴 兴 兴
xìng

| 획순 | 一 ㄅ 也 | 총 3획 |

也 也 也 也
yě

| 획순 | 天 天 天 天 | 총 4획 |

天 天 天 天
tiān

❷ Nín guì xìng? 您贵姓?

발음 发音 fāyīn

1 발음 표기 규칙

   ㉮ 문장의 첫 머리 알파벳은 대문자로 표기한다.

      예 Nín guì xìng?

         Wǒ jiào Jīn Jǐngmín.

   ㉯ 국명, 도시명 등 고유명사의 첫 머리 알파벳은 대문자로 표기한다.

      예 Hánguó (한국)　　Zhōngguó (중국)　　Běijīng (북경, 베이징)

   ㉰ 인명의 경우, 성과 이름의 첫 머리 알파벳은 대문자로 표기한다.

      예 Jīn Jǐngmín (김경민)　　Wáng Lìli (왕리리)

2 '제3성+제3성→제2성+제3성' 규칙은 제3성이 세 개 이상 이어지더라도 적용된다.

제3성+제3성+제3성→제2성+제2성+제3성

문장 성분이 달라지면 위의 규칙이 적용되지 않기도 한다.

   ㉮ 빨리 발음하는 경우

      예 Rènshi nǐ, wǒ yě hěn gāoxìng.

        → Rènshi ní wó yé(모두 제2성으로 변화) hěn(반3성) gāoxìng.

   ㉯ 천천히 발음하는 경우

      예 Rènshi nǐ, wǒ yě hěn gāoxìng.

        → Rènshi nǐ(제3성), wó yé(제2성으로 변화) hěn(반3성) gāoxìng.

3 격음부호

[a], [o], [e]로 시작하는 음절이 다른 음절의 뒤에 이어질 경우, 음절 사이의 경계를 분명히 하기 위하여 격음부호 (')를 사용한다.

   예 Tiān'ānmén　　pèi'ǒu　　Shǒu'ěr

문법 语法 yǔfǎ

1 이름 묻고 답하기

㉮ 자신보다 나이가 많은 사람이나 처음 만난 사람에게 예의를 차린 표현:
A: 您贵姓? Nín guì xìng?
B: 我姓金(叫景民)。 Wǒ xìng Jīn (jiào Jǐngmín).

㉯ 또래 혹은 자신보다 나이가 어린 사람:
A: 你叫什么名字? Nǐ jiào shénme míngzi?
B: 我叫金景民。 Wǒ jiào Jīn Jǐngmín.

2 의문대명사 '什么[shénme]'의 용법

㉮ 명사를 수식하여 '무슨' 혹은 '무엇'이란 뜻의 의문을 나타낸다.
- 什么人[shénme rén]
- 什么名字[shénme míngzi]

㉯ 단독으로 사물을 묻는다.
- 你吃什么? Nǐ chī shénme?

* 吃[chī] (음식을) 먹다

3 명사술어문: 명사, 명사구, 수량사가 술어인 문장

명사술어문의 술어에는 주로 숫자, 시간, 연도, 날짜, 출신지 등이 온다.

어순	명사 + 명사(술어)

明天　　星期五。
Míngtiān　xīngqīwǔ.

부정	명사 + 不是[bú shì] + 명사(술어)

明天　　不是　　星期五。
Míngtiān　bú shì　xīngqīwǔ.

본문 课文 kèwén

1 그 다음 수업 시간에 다시 만난 경민과 리리가 서로의 이름을 묻고 답한다.

金景民　您贵姓?
Jīn Jǐngmín　Nín guì xìng?

> "您贵姓? Nín guì xìng?"은 자신보다 나이가 많은 사람에게 예의를 갖춰 묻는 표현이다.

王莉莉　哈哈，我姓王，叫王莉莉。
Wáng Lìli　Hāhā, wǒ xìng Wáng, jiào Wáng Lìli.

你叫什么名字?
Nǐ jiào shénme míngzi?

金景民　我叫金景民。认识你，我很高兴。
Jīn Jǐngmín　Wǒ jiào Jīn Jǐngmín. Rènshi nǐ, wǒ hěn gāoxìng.

王莉莉　认识你，我也很高兴。
Wáng Lìli　Rènshi nǐ, wǒ yě hěn gāoxìng.

> 부사 '也[yě]'는 '또한', '……도 역시'라는 뜻의 부사로, 두 사람이 같은 동작이나 행위를 한다는 뜻을 나타낸다.

새로 나온 단어

您	nín	당신('你'의 존칭)
贵	guì	상대방에 대한 존경의 뜻을 나타내는 말
姓	xìng	성은 ……이라고 한다
哈哈	hāhā	웃음소리
叫	jiào	(이름을) ……라고 하다, ……라고 부르다
什么	shénme	무엇, 무슨
名字	míngzi	이름
认识	rènshi	알다
高兴	gāoxìng	기쁘다, 즐겁다
也	yě	……도, ……또한, 역시

2 자기소개를 마친 두 사람이 이런 저런 이야기 끝에 다음날 만날 약속을 하고 헤어진다.

金景民　你明天忙吗?
Jīn Jǐngmín　Nǐ míngtiān máng ma?

王莉莉　明天星期几?
Wáng Lìli　Míngtiān xīngqī jǐ?

金景民　星期二。
Jīn Jǐngmín　Xīngqī'èr.

王莉莉　我明天不忙。
Wáng Lìli　Wǒ míngtiān bù máng.

金景民　明天见!
Jīn Jǐngmín　Míngtiān jiàn!

王莉莉　明天见!
Wáng Lìli　Míngtiān jiàn!

Tip
요일을 묻는 표현: 星期几? xīngqī jǐ?
('几[jǐ]'는 10 이하의 숫자를 묻는 의문사)
요일 표현: 星期一 [xīngqīyī] 월요일
星期二 [xīngqī'èr] 화요일
星期三 [xīngqīsān] 수요일
星期四 [xīngqīsì] 목요일
星期五 [xīngqīwǔ] 금요일
星期六 [xīngqīliù] 토요일
星期天(日) [xīngqītiān(rì)] 일요일

새로 나온 단어

明天	míngtiān	내일
*今天	jīntiān	오늘
星期	xīngqī	요일
*星期一	xīngqīyī	월요일
*星期二	xīngqī'èr	화요일
*星期三	xīngqīsān	수요일
*星期四	xīngqīsì	목요일
*星期五	xīngqīwǔ	금요일
*星期六	xīngqīliù	토요일
*星期天	xīngqītiān	일요일
几	jǐ	10이하의 숫자를 묻는 의문사. 몇
见	jiàn	만나다

❷ Nín guì xìng? 您贵姓?

문형연습 句型练习 jùxíng liànxí　기본문형 익히기

我姓王。
Wǒ xìng Wáng.

金 Jīn

张 Zhāng

李 Lǐ

朴 Piáo

你叫什么名字?
Nǐ jiào shénme míngzi?

他 tā

你们老师 nǐmen lǎoshī

汉语老师 Hànyǔ lǎoshī

단어　张 Zhāng 장(성씨) | 李 Lǐ 이(성씨) | 朴 Piáo 박(성씨) | 他 tā 그, 그 사람 | 你们 nǐmen 너희들, 당신들 | 老师 lǎoshī 선생님 | 汉语 Hànyǔ 중국어

今天星期几?
Jīntiān xīngqī jǐ?

바꿔 봅시다!

明天 míngtiān
后天 hòutiān
昨天 zuótiān
前天 qiántiān

今天不是星期一。
Jīntiān bú shì xīngqīyī.

바꿔 봅시다!

星期二 xīngqī'èr
星期三 xīngqīsān
星期四 xīngqīsì
星期五 xīngqīwǔ
星期六 xīngqīliù
星期天 xīngqītiān

단어
后天 hòutiān 모레 | 昨天 zuótiān 어제 | 前天 qiántiān 그저께

연습문제 练习 liànxí

听 tīng 듣기

1. 녹음을 듣고 발음 연습을 해 보시오.

(1) Zhōngguó　Hánguó　Rìběn　Měiguó
　　Běijīng　Shǒu'ěr　Dōngjīng　Huáshèngdùn

(2) lǎoshī　chǎnshēng　zhǐhuī
　　kěnéng　jiějué　zǔguó
　　xiǎnxiàn　zěnyàng　kěshì
　　lǐxiǎng　yǐnqǐ　lǐngdǎo

(3) Tiān'ān Mén　Xī'ōu　xīngqī'èr
　　bù'ān　pí'ǎo　nǚ'ér

2. 녹음을 듣고 맞는 것을 찾으시오.

(1)
① 　② 　③

(2)
①　② 　③

(3)
① 　② 　③

阅读 yuèdú 읽기

1. 서로 관련 있는 것끼리 짝을 지으시오.

   A 星期二。Xīngqī'èr.　　　　　　　　　① 认识你，我很高兴。
   　　　　　　　　　　　　　　　　　　　　Rènshi nǐ, wǒ hěn gāoxìng.

   B 明天见! Míngtiān jiàn!　　　　　　　② 今天星期几? Jīntiān xīngqī jǐ?

   C 我也很高兴。Wǒ yě hěn gāoxìng.　　③ 明天见! Míngtiān jiàn!

2. 보기에서 적당한 단어를 골라 빈칸을 채우시오.

   | 보기 | 姓 xìng　　叫 jiào　　几 jǐ　　什么 shénme |

   (1) 你叫(　　　)名字?　　　　　Nǐ jiào (　　　)míngzi?

   (2) 我(　　)王，(　　)王莉莉。　Wǒ (　　)Wáng, (　　)Wáng Lìli.

   (3) 明天星期(　　)?　　　　　　Míngtiān xīngqī (　　)?

说 shuō 말하기

다음 대화를 완성하시오.

(1) A : _____
　　B : 我叫金景民。Wǒ jiào Jīn Jǐngmín.

(2) A : _____
　　B : 今天星期天。Jīntiān xīngqītiān.

(3) A : _____
　　B : 认识你，我也很高兴。Rènshi nǐ, wǒ yě hěn gāoxìng.

写 xiě 쓰기

다음을 중국어로 작문하시오.

(1) 당신은 이름이 무엇입니까?　_____

(2) 내일은 일요일이 아닙니다.　_____

(3) 당신을 알게 되어, 저는 기쁩니다.　_____

Plus 도우미

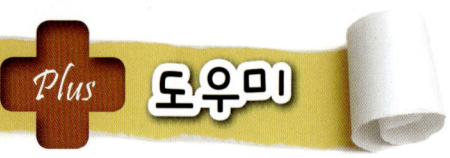

한국인의 대표적인 성씨

金 Jīn 김	李 Lǐ 이	朴 Piáo 박	崔 Cuī 최	鄭(郑) Zhèng 정
姜 Jiāng 강	趙(赵) Zhào 조	尹 Yǐn 윤	張(张) Zhāng 장	林 Lín 임
韓(韩) Hán 한	申 Shēn 신	吳(吴) Wú 오	徐 Xú 서	權(权) Quán 권
黃(黄) Huáng 황	宋 Sòng 송	許(许) Xǔ 허	秋 Qiū 추	任 Rèn 임

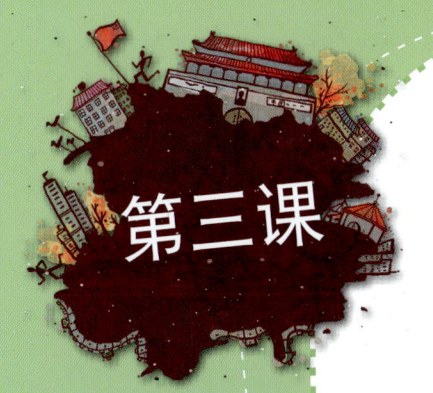

第三课

你家有几口人?
Nǐ jiā yǒu jǐ kǒu rén?

학습목표

양사 표현　　　　　　Sì kǒu rén. 四口人。
동사 '有[yǒu]'의 용법　Nǐ jiā yǒu jǐ kǒu rén? 你家有几口人?
동사 '有[yǒu]'의 부정　Méiyǒu. 没有。

단어 生词 shēngcí

□□01	家	jiā	명 집
□□02	有	yǒu	동 (······이/가) 있다, (······을/를) 가지고 있다
□□03	口	kǒu	양 가족 수를 세는 양사
□□04	人	rén	명 사람
□□05	爸爸	bàba	명 아빠, 아버지
□□06	妈妈	māma	명 엄마, 어머니
□□07	哥哥	gēge	명 형, 오빠
□□08	和	hé	접 ······와/과, 그리고
□□09	兄弟姐妹	xiōngdì jiěmèi	명 형제자매
□□10	个	ge	양 개, 명
□□11	两	liǎng	수 둘
□□12	妹妹	mèimei	명 여동생
□□13	她	tā	대 그녀
□□14	没有	méiyǒu	동 '有[yǒu]'의 부정. (······이/가) 없다, (······을/를) 가지고 있지 않다
□□15	这	zhè	대 이, 이것
□□16	对	duì	형 맞다, 옳다
□□17	就	jiù	부 곧, 바로
□□18	女朋友	nǚpéngyou	명 여자친구

*朋友 péngyou 명 친구

□□19	知道	zhīdao	동 알다

怎么写? zěnme xiě?

획순	家家家家家家家家家家									총 10획
家 jiā	家	家	家							

획순	弟弟弟弟弟弟弟									총 7획
弟 dì	弟	弟	弟							

획순	她她她她她她									총 6획
她 tā	她	她	她							

획순	没没没没没没没									총 7획
没 méi	没	没	没							

획순	这这这这这这这									총 7획
这 zhè	这	这	这							

획순	道道道道道道道道道道道道									총 12획
道 dào	道	道	道							

❸ Nǐ jiā yǒu jǐ kǒu rén? 你家有几口人?

발음 发音 fāyīn

1 '一[yī]'의 성조변화

'一'는 원래 제1성[yī]이나 다음과 같은 상황에서 성조가 변화한다.

변화규칙:

㉮ '一[yī]'+제1성, 제2성, 제3성→'一[yī]'가 제4성 '[yì]'으로 변화

> '一[yī]'+제1성 → yì qiān
> '一[yī]'+제2성 → yì nián
> '一[yī]'+제3성 → yì bǎi

㉯ '一[yī]'+제4성→'一[yī]'가 제2성 '[yí]'으로 변화

> '一[yī]'+제4성 → yí wàn

2 '一[yī]'를 원래 성조대로 읽어야 하는 경우.

㉮ 순서, 순위, 등수를 나타내는 경우
  예 yī yuè (一月 1월)   dì yī kè (第一课 제1과)

㉯ 단어가 '一[yī]'로 끝나는 경우
  예 tǒngyī (统一 통일)

3 '一个[yí ge]'의 발음

양사 '个[ge]'는 원래 제4성[gè]이기 때문에 '一[yī]'가 '个[ge]'의 앞에 올 경우, 제4성 앞의 '一[yī]'는 제2성 '[yí]'으로 변화한다는 규칙이 적용된다.

一个[yī ge] → [yí ge]

문법 语法 yǔfǎ

1 양사(量词 liàngcí)

물건을 헤아리는 단위를 양사라고 한다. 양사의 대부분은 물건의 특징, 모양, 형태, 용기 등에서 유래한 것이다. 양사를 포함하는 구의 어순은 다음과 같다.

㉮ 어순: (지시대명사 +) 수사 + 양사 + 명사

　　(那)　　三　　个　　人
　　(nà)　　sān　　ge　　rén

㉯ 양사 앞의 숫자 '2'는 '二[èr]' 대신 '两[liǎng]'을 사용한다.

- 两个人[liǎng ge rén]
- 两口人[liǎng kǒu rén]

2 동사 '有[yǒu]'의 용법

㉮ ……에 ……이/가 있다

어순: 장소 + 有[yǒu] + 존재물(사람)

　　我家　　有　　七口人。
　　Wǒ jiā　　yǒu　　qī kǒu rén.

㉯ 사람이 ……을/를 가지고 있다

어순: 사람 + 有[yǒu] + 소유물

　　他　　有　　两个妹妹。
　　Tā　　yǒu　　liǎng ge mèimei.

- 我有中国朋友。 Wǒ yǒu Zhōngguó péngyou.

㉰ '有[yǒu]'의 부정

일반적인 동사나 형용사는 '不[bù]'로 부정하나 '有[yǒu]'는 '没[méi]'로 부정한다.

- 他没有妹妹。 Tā méiyǒu mèimei.
- 我没有中国朋友。 Wǒ méiyǒu Zhōngguó péngyou.

본문 课文 kèwén

1 경민이 리리의 가족 관계를 물어본다.

金景民　你家有几口人?
Jīn Jǐngmín　Nǐ jiā yǒu jǐ kǒu rén?

王莉莉　我家有四口人，爸爸、妈妈、哥哥和我。
Wáng Lìli　Wǒ jiā yǒu sì kǒu rén, bàba, māma, gēge hé wǒ.

金景民　你爸爸有兄弟姐妹吗?
Jīn Jǐngmín　Nǐ bàba yǒu xiōngdì jiěmèi ma?

王莉莉　有。他有两个妹妹。
Wáng Lìli　Yǒu. Tā yǒu liǎng ge mèimei.

金景民　你妈妈呢?
Jīn Jǐngmín　Nǐ māma ne?

王莉莉　她没有。
Wáng Lìli　Tā méiyǒu.

Tip

숫자
零[líng] 영,0　一[yī] 일,1　二[èr] 이,2
三[sān] 삼,3　四[sì] 사,4　五[wǔ] 오,5
六[liù] 육,6　七[qī] 칠,7　八[bā] 팔,8
九[jiǔ] 구,9　十[shí] 십,10

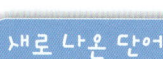

家	jiā	집	和	hé	……와/과, 그리고
有	yǒu	(……이/가) 있다, (……을/를) 가지고 있다	兄弟姐妹	xiōngdì jiěmèi	형제자매
口	kǒu	가족 수를 세는 양사	个	ge	개, 명
人	rén	사람	两	liǎng	둘
爸爸	bàba	아빠, 아버지	妹妹	mèimei	여동생
妈妈	māma	엄마, 어머니	她	tā	그녀
哥哥	gēge	형, 오빠	没有	méiyǒu	'有 yǒu'의 부정. (……이/가) 없다, (……을/를) 가지고 있지 않다

2 리리의 가족사진을 보면서 경민이 궁금한 점을 물어본다.

金景民　　这个人是你哥哥吗?
Jīn Jǐngmín　Zhè ge rén shì nǐ gēge ma?

王莉莉　　对。他就是我哥哥。
Wáng Lìli　Duì. Tā jiù shì wǒ gēge.

> **Tip**
> 부사 '就(jiù)'는 긍정을 강조하여 '(다른 어떤 것이 아니라) 바로 ……이다'는 뜻을 나타낸다.

金景民　　你哥哥有女朋友吗?
Jīn Jǐngmín　Nǐ gēge yǒu nǚpéngyou ma?

王莉莉　　我不知道。
Wáng Lìli　Wǒ bù zhīdao.

새로 나온 단어

这 zhè	이, 이것	
对 duì	맞다, 옳다	
就 jiù	곧, 바로	
女朋友 nǚpéngyou	여자친구	
*朋友 péngyou	친구	
知道 zhīdao	알다	

❸ Nǐ jiā yǒu jǐ kǒu rén? 你家有几口人?

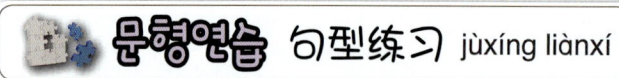 기본문형 익히기

我家有五口人。
Wǒ jiā yǒu wǔ kǒu rén.

▸ 바꿔 봅시다!

他家 tā jiā
我姐姐家 wǒ jiějie jiā

▸ 바꿔 봅시다!

四 sì
三 sān

我没有中国朋友。
Wǒ méiyǒu Zhōngguó péngyou.

▸ 바꿔 봅시다!

她 tā
我爷爷 wǒ yéye
我妈妈 wǒ māma

▸ 바꿔 봅시다!

美国朋友 Měiguó péngyou
手机 shǒujī
兄弟姐妹 xiōngdì jiěmèi

단어
五 wǔ 5, 다섯 | 四 sì 4, 넷 | 三 sān 3, 셋 | 姐姐 jiějie 언니, 누나 | 美国 Měiguó 미국 | 爷爷 yéye 할아버지 | 手机 shǒujī 휴대 전화

这个人是中国人吗?
Zhè ge rén shì Zhōngguórén ma?

你姐姐 nǐ jiějie

你朋友 nǐ péngyou

好人 hǎorén

他就是我哥哥。
Tā jiù shì wǒ gēge.

我弟弟 wǒ dìdi

我爸爸 wǒ bàba

我爷爷 wǒ yéye

我朋友 wǒ péngyou

단어 　好人 hǎorén 좋은 사람 | 弟弟 dìdi 남동생

연습문제 练习 liànxí

听 tīng 듣기

1. 녹음을 듣고 발음 연습을 해 보시오.

(1) yìbān　yìdāo　yìfāng　yìxiē　yìshēn

(2) yìliú　yìmáo　yìnián　yìpái　yìqí

(3) yìbǐ　yìkǒu　yìshǒu　yìhuǒ　yìqǐ

(4) yíbàn　yíchù　yíqiè　yídìng　yíkuài

(5) tǒngyī　dìyī　shíyī　wǔyī　yìyī

2. 녹음을 듣고 맞는 것을 찾으시오.

(1)
① 　② 　③

(2)
① 　② 　③

(3)
① 　② 　③

阅读 yuèdú 읽기

1. 서로 관련 있는 것끼리 짝을 지으시오.

   A 他家有几口人？ Tā jiā yǒu jǐ kǒu rén?   ·   · ① 没有。Méiyǒu.
   B 你有哥哥吗？ Nǐ yǒu gēge ma?   ·   · ② 五个。Wǔ ge.
   C 你有几个好朋友？ Nǐ yǒu jǐ ge hǎo péngyou? ·   · ③ 五口人。Wǔ kǒu rén.

2. 보기에서 적당한 단어를 골라 빈칸을 채우시오.

   | 보기 | 有 yǒu   没有 méiyǒu   个 ge |

   ① 我(　　)兄弟姐妹。　　Wǒ (　　) xiōngdì jiěmèi.
   ② 这(　　)人是你妹妹吗？　Zhè (　　) rén shì nǐ mèimei ma?
   ③ 你家(　　)几口人？　　Nǐ jiā (　　) jǐ kǒu rén?

说 shuō 말하기

다음 대화를 완성하시오.

(1) A : _____
    B : 我家有四口人。Wǒ jiā yǒu sì kǒu rén.

(2) A : _____
    B : 我没有兄弟姐妹。Wǒ méiyǒu xiōngdì jiěmèi.

(3) A : _____
    B : 对。这个人就是我哥哥。Duì. Zhè ge rén jiù shì wǒ gēge.

写 xiě 쓰기

다음을 중국어로 작문하시오.

(1) 당신 집은 식구가 몇 명 있습니까? _____

(2) 이 사람이 바로 제 오빠입니다. _____

(3) 저는 여동생이 두 명 있습니다. _____

Plus 도우미

가족 관계도

爷爷 yéye	奶奶 nǎinai	姥爷 lǎoye	姥姥 lǎolao
할아버지	할머니	외할아버지	외할머니

爸爸 bàba	妈妈 māma
아버지	어머니

哥哥 gēge	姐姐 jiějie	我 wǒ	弟弟 dìdi	妹妹 mèimei
형, 오빠	누나, 언니	나	남동생	여동생

第四课

汉语难不难？
Hànyǔ nán bu nán?

학습목표

동사 '喜欢[xǐhuan]'의 용법
Nǐ xǐhuan hē kāfēi ma? 你喜欢喝咖啡吗?

지시대명사　　这[zhè], 那[nà]

주술술어문　　Zhèr kāfēi hěn hǎohē. 这儿咖啡很好喝。

정반의문문(1)　Nán bu nán? 难不难？

단어 生词 shēngcí

- ☐☐ 01 请 qǐng 〔동〕 (부디) ……해 주시기 바랍니다
- ☐☐ 02 喝 hē 〔동〕 (음료를) 마시다
- ☐☐ 03 咖啡 kāfēi 〔명〕 커피
  - *茶 chá 〔명〕 차
- ☐☐ 04 谢谢 xièxie 〔동〕 감사합니다, 고맙습니다
- ☐☐ 05 喜欢 xǐhuan 〔동〕 좋아하다
- ☐☐ 06 对不起 duìbuqǐ 〔동〕 미안합니다, 죄송합니다
- ☐☐ 07 太 tài 〔부〕 너무, 지나치게
- ☐☐ 08 这儿 zhèr 〔대〕 여기
  - *那儿 nàr 〔대〕 거기, 저기
- ☐☐ 09 好喝 hǎohē 〔형〕 (음료수가) 맛있다
- ☐☐ 10 常 cháng 〔부〕 종종, 자주
- ☐☐ 11 来 lái 〔동〕 오다
- ☐☐ 12 学习 xuéxí 〔동〕 배우다, 학습하다
- ☐☐ 13 经济学 jīngjìxué 〔명〕 경제학
- ☐☐ 14 汉语 Hànyǔ 〔명〕 중국어
- ☐☐ 15 难 nán 〔형〕 어렵다

怎么写? zěnme xiě?

| 획순 | 请 请 请 请 请 请 请 请 请 请 | 총 10획 |

请 请 请 请
qǐng

| 획순 | 喝 喝 喝 喝 喝 喝 喝 喝 喝 喝 喝 喝 | 총 12획 |

喝 喝 喝 喝
hē

| 획순 | 谢 谢 谢 谢 谢 谢 谢 谢 谢 谢 谢 谢 | 총 12획 |

谢 谢 谢 谢
xiè

| 획순 | 喜 喜 喜 喜 喜 喜 喜 喜 喜 喜 喜 喜 | 총 12획 |

喜 喜 喜 喜
xǐ

| 획순 | 学 学 学 学 学 学 学 学 | 총 8획 |

学 学 学 学
xué

| 획순 | 汉 汉 汉 汉 汉 | 총 5획 |

汉 汉 汉 汉
hàn

❹ Hànyǔ nán bu nán? 汉语难不难? **57**

발음 发音 fāyīn

1 'er'화운모('儿'化韵母)

음절의 끝에 위치하며, 혀끝을 살짝 말고서 발음한다.

㉮ [-a], [-o], [-e], [-u] 다음의 [er]: 아무런 변화 없이 앞 음절에 [r]음만 덧붙여서 발음한다.

예 huār   chàng gēr

㉯ [-n] 다음의 [er]: [-n]은 탈락하고 그 자리에 [r]음을 대신 넣어서 발음한다. 그러나 병음 표기에는 [n]을 그대로 남겨둔다.

예 yǒudiǎnr   wánr

㉰ [-i] 다음의 [er]: [-i]는 탈락하고 그 자리에 [r]음을 대신 넣어서 발음한다. 그러나 병음 표기에는 [-i]를 그대로 남겨둔다.

예 xiǎoháir   wèir

㉱ [-ng] 다음의 [er]: 앞 음절의 주모음(主母音)을 비음화(鼻音化)시킨 다음, [-ng]은 탈락하고 그 자리에 [r]음을 대신 넣어서 발음한다. 역시 병음 표기에서 [-ng]은 그대로 남겨둔다.

예 yǒu kòngr   diànyǐngr

㉲ [zhi], [chi], [shi], [zi], [ci], [si] 다음의 [er]: [-i]가 탈락하고 그 자리에 [er]을 넣어서 발음한다. 병음 표기는 [zhir], [chir], [shir], [zir], [cir], [sir]로 한다.

예 shìr (표기는 [shìr]이지만, 실제로는 [shèr]로 발음하여야 한다)

2 정반의문문의 발음

정반의문문의 '不[bù]'는 경성으로 발음한다.

예 Hànyǔ nán bu nán?
　　Nǐ máng bu máng?

3 경성의 발음

경성은 짧게 발음하며, 경성의 음높이는 앞에 오는 성조에 따라서 결정된다. 일반적으로 앞 성조의 음이 높으면 경성은 낮게, 앞 성조의 음이 낮으면 높게 발음된다.

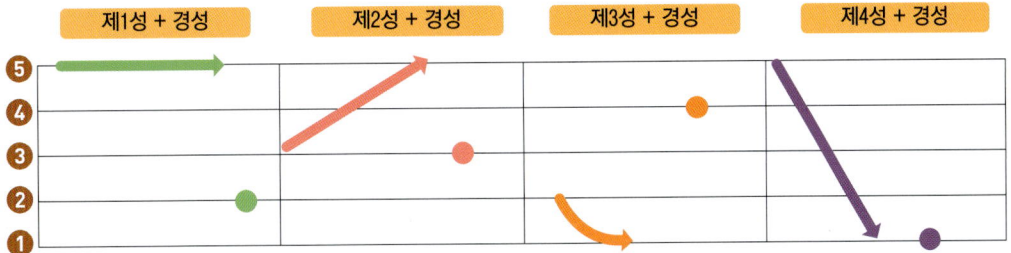

제1성+경성	zhuōzi	xiānsheng	tāmen
제2성+경성	bízi	xuésheng	péngyou
제3성+경성	nǎinai	jiějie	wǒmen
제4성+경성	dìdi	kòuzi	bàba

문법 语法 yǔfǎ

1 동사 '喜欢[xǐhuan]'의 용법

㋐ 목적어가 명사인 경우: ……을 좋아하다

> 어순 주어 + 喜欢[xǐhuan] + 명사

我   喜欢   她。
Wǒ   xǐhuan   tā.

㋑ 목적어가 동사(구)인 경우: ……하기를 좋아하다

> 어순 주어 + 喜欢[xǐhuan] + 동사 + 목적어

我   喜欢   喝   咖啡。
Wǒ   xǐhuan   hē   kāfēi.

2 지시대명사와 장소

지시대명사는 '这 zhè (이)'와 '那 nà (그, 저)'의 두 종류가 있다.

	근칭	중칭	원칭	의문사
지시대명사	这 zhè (이)	那 nà (그, 저)		哪 nǎ (어느)
장소사	这儿 zhèr (이곳)	那儿 nàr (그곳, 저곳)		哪儿 nǎr (어느 곳)

3 주술술어문 : 술어가 다시 '주어+술어'로 이루어진 문장

> 어순   주어 + ___술어___
>   [주어+술어]

  这儿 咖啡很好喝。
  Zhèr kāfēi hěn hǎohē.
     [咖啡(주어)+很好喝(술어)]

- 他身体很好。Tā shēntǐ hěn hǎo.

* 身体[shēntǐ] 몸, 신체, 건강

4 정반의문문(1) : 동사(형용사)의 긍정과 부정을 차례대로 나열하여 만드는 의문문

> 어순   주어 + 술어(동사/형용사) + 不[bu] + 술어(동사/형용사) (+ 목적어)

  你 喜欢 不 喜欢 她?
  Nǐ xǐhuan bu xǐhuan tā?

- 汉语难不难? Hànyǔ nán bu nán?
- 明天忙不忙? Míngtiān máng bu máng?

본문 课文 kèwén

1 카페에서 경민이 리리에게 커피를 권했지만 리리가 완곡하게 사양한다.

金景民　请喝咖啡。
Jīn Jǐngmín　Qǐng hē kāfēi.

王莉莉　谢谢。你喜欢喝咖啡吗?
Wáng Lìli　Xièxie. Nǐ xǐhuan hē kāfēi ma?

金景民　喜欢。
Jīn Jǐngmín　Xǐhuan.

王莉莉　对不起，我不太喜欢喝咖啡。
Wáng Lìli　Duìbuqǐ, wǒ bú tài xǐhuan hē kāfēi.

金景民　这儿咖啡很好喝。
Jīn Jǐngmín　Zhèr kāfēi hěn hǎohē.

王莉莉　你常来这儿吗?
Wáng Lìli　Nǐ cháng lái zhèr ma?

金景民　常来。
Jīn Jǐngmín　Cháng lái.

Tip
경어 표현: '请(qǐng)'은 '부디……해주시기 바랍니다'라는 뜻으로, 단독으로 쓰이거나 뒤에 동사를 동반하기도 한다.
请坐。 Qǐng zuò. 앉으세요.
请进。 Qǐng jìn. 들어오세요.

새로 나온 단어

请	qǐng	(부디) ……해 주시기 바랍니다
喝	hē	(음료를) 마시다
咖啡	kāfēi	커피
*茶	chá	차
谢谢	xièxie	감사합니다, 고맙습니다
喜欢	xǐhuan	좋아하다
对不起	duìbuqǐ	미안합니다, 죄송합니다
太	tài	너무, 지나치게
这儿	zhèr	여기
*那儿	nàr	거기, 저기
好喝	hǎohē	(음료수가) 맛있다
常	cháng	종종, 자주
来	lái	오다

2 두 사람은 커피를 사이에 두고 서로의 수강 과목에 대하여 대화를 나눈다.

金景民　你学习什么？
Jīn Jǐngmín　Nǐ xuéxí shénme?

> Tip
> 의문사 '什么(shénme)'는 단수와 복수의 구분 없이 사용한다.

王莉莉　我学习经济学。你呢？
Wáng Lìli　Wǒ xuéxí jīngjìxué. Nǐ ne?

金景民　我学习汉语。
Jīn Jǐngmín　Wǒ xuéxí Hànyǔ.

王莉莉　汉语难不难？
Wáng Lìli　Hànyǔ nán bu nán?

金景民　汉语很难。
Jīn Jǐngmín　Hànyǔ hěn nán.

王莉莉　经济学也很难。
Wáng Lìli　Jīngjìxué yě hěn nán.

새로 나온 단어

学习　xuéxí	배우다, 학습하다	汉语　Hànyǔ　중국어
经济学　jīngjìxué	경제학	难　nán　어렵다

❹ Hànyǔ nán bu nán? 汉语难不难?　63

문형연습 句型练习 jùxíng liànxí 기본문형 익히기

请喝茶。
Qǐng hē chá.

바꿔 봅시다!

坐 zuò

进 jìn

你喜欢什么?
Nǐ xǐhuan shénme?

바꿔 봅시다!

学习 xuéxí

喝 hē

有 yǒu

단어
坐 zuò 앉다 | 进 jìn (바깥에서 안으로) 들다

我不喜欢咖啡。
Wǒ bù xǐhuan kāfēi.

바꿔 봅시다!

中国茶 Zhōngguóchá

喝咖啡 hē kāfēi

喝中国茶 hē Zhōngguóchá

汉语难不难?
Hànyǔ nán bu nán?

바꿔 봅시다!   **바꿔 봅시다!**

你 nǐ	忙不忙 máng bu máng
今天 jīntiān	是不是星期天 shì bu shì xīngqītiān
你 nǐ	喝不喝咖啡 hē bu hē kāfēi

연습문제 练习 liànxí

听 tīng 듣기

1. 녹음을 듣고 발음 연습을 해 보시오.

(1)
yíhuìr	zhèr	nàr
xiǎoháir	yíkuàir	hǎohāor
dàhuǒr	wányìr	gèr
chàdiǎnr	hǎowánr	liáotiānr

(2)
hǎo bu hǎo	máng bu máng	nán bu nán
hē bu hē	chī bu chī	kàn bu kàn
dú bu dú	shuō bu shuō	tīng bu tīng

(3)
wǒmen	nǐmen	tāmen
bàba	māma	yéye	nǎinai
gēge	jiějie	dìdi	mèimei

2. 녹음을 듣고 맞는 것을 찾으시오.

(1)
①    ②    ③

(2)
①    ②    ③

(3)
①    ②    ③

阅读 yuèdú 읽기

1. 서로 관련 있는 것끼리 짝을 지으시오.

   A 你喜欢喝咖啡吗？ Nǐ xǐhuan hē kāfēi ma? ·   · ① 不难。Bù nán.
   B 你学习什么？ Nǐ xuéxí shénme? ·   · ② 请喝咖啡。Qǐng hē kāfēi.
   C 谢谢。Xièxie. ·   · ③ 喜欢。Xǐhuan.
   D 汉语难不难？ Hànyǔ nán bu nán? ·   · ④ 汉语。Hànyǔ.

2. 보기에서 적당한 단어를 골라 빈칸을 채우시오.

   | 보기 | 这儿 zhèr   不 bù   什么 shénme |

   (1) 你喜欢(   )喜欢学习汉语？   Nǐ xǐhuan (   ) xǐhuan xuéxí Hànyǔ?
   (2) 你学习(   )？   Nǐ xuéxí (   ) ?
   (3) 你常来(   )吗？   Nǐ cháng lái (   ) ma?

说 shuō 말하기

다음 대화를 완성하시오.

(1) A : _____
    B : 我学习法语。Wǒ xuéxí Fǎyǔ.

(2) A : _____
    B : 英语不太难。Yīngyǔ bú tài nán.

(3) A : _____
    B : 我不常来这儿。Wǒ bù cháng lái zhèr.

> 단어
> 法语 Fǎyǔ 프랑스어
> 英语 Yīngyǔ 영어

写 xiě 쓰기

다음을 중국어로 작문하시오.

(1) 당신은 무엇을 공부하십니까?   _____
(2) 당신은 커피 마시는 것을 좋아하십니까? _____
(3) 중국어는 어렵습니까 어렵지 않습니까? _____

커피의 종류

咖啡 kāfēi Coffee	热饮 rèyǐn HOT	冷饮 lěngyǐn ICED
浓缩咖啡 nóngsuō kāfēi 에스프레소	24	
美式咖啡 Měishì kāfēi 카페 아메리카노	21	21
拿铁 nátiě 카페 라떼	25	25
摩卡 mókǎ 카페 모카	28	28

CAFE MENU

咖啡 kāfēi	热饮 rèyǐn	冷饮 lěngyǐn
卡布奇诺 kǎbùqínuò 카푸치노	25	25
焦糖玛奇朵 jiāotáng mǎqíduǒ 카라멜 마키아또	29	19
香草拿铁 xiāngcǎo nátiě 바닐라 라떼	30	30
经典热巧克力 Jīngdiǎn rè qiǎokèlì 핫 초콜릿	19	

CAFE MENU

第五课

你的生日是几月几号？

Nǐ de shēngrì shì jǐ yuè jǐ hào?

학습목표

날짜 표현 　　　　　　　Jǐ yuè jǐ hào? 几月几号？

어기조사 '了₂[le]'의 용법
Nǐ jīnnián duō dà le? 你今年多大了？

구조조사 '的[de]'의 용법　nǐ de shēngrì 你的生日

어기조사 '吧[ba]'의 용법
Wǒmen yìqǐ chī fàn ba! 我们一起吃饭吧！

의문사를 만드는 '多[duō]'의 용법
Nǐ jīnnián duō dà le? 你今年多大了？

나이를 묻는 다양한 표현

단어 生词 shēngcí

- ☐☐ 01 的 de 〔조〕 구조조사. 명사와 수식성분 사이에 위치한다
- ☐☐ 02 生日 shēngrì 〔명〕 생일
- ☐☐ 03 月 yuè 〔명〕 월, 달
- ☐☐ 04 号 hào 〔명〕 일, 날
- ☐☐ 05 一起 yìqǐ 〔부〕 함께, 같이
- ☐☐ 06 吃 chī 〔동〕 먹다
- ☐☐ 07 饭 fàn 〔명〕 밥, 식사
- ☐☐ 08 吧 ba 〔조〕 제안, 청유 등을 나타내는 어기조사
- ☐☐ 09 今年 jīnnián 〔명〕 올해
- ☐☐ 10 多大 duō dà 나이를 묻는 의문사. 몇 살
- ☐☐ 11 了 le 〔조〕 변화의 발생을 나타내는 어기조사
- ☐☐ 12 岁 suì 〔양〕 나이를 세는 단위. 살, 세
- ☐☐ 13 属 shǔ 〔동〕 (십이지 중에서) ……띠에 해당하다
- ☐☐ 14 狗 gǒu 〔명〕 개
- ☐☐ 15 那 nà 〔접〕 그렇다면
- ☐☐ 16 小 xiǎo 〔형〕 작다
- ☐☐ 17 猫 māo 〔명〕 고양이

怎么写？ zěnme xiě?

| 획순 | 号 号 号 号 号 | 총 5획 |

号 hào

| 획순 | 起 起 起 起 起 起 起 起 起 起 | 총 10획 |

起 qǐ

| 획순 | 饭 饭 饭 饭 饭 饭 饭 | 총 7획 |

饭 fàn

| 획순 | 岁 岁 岁 岁 岁 岁 | 총 6획 |

岁 suì

| 획순 | 属 属 属 属 属 属 属 属 属 属 属 属 | 총 12획 |

属 shǔ

| 획순 | 狗 狗 狗 狗 狗 狗 狗 狗 | 총 8획 |

狗 gǒu

5 Nǐ de shēngrì shì jǐ yuè jǐ hào? 你的生日是几月几号？

2음절 단어 발음 연습

	1성	2성	3성	4성	경성
1성	jīntiān	kēxué	shēntǐ	kūjiào	tāmen
	kāfēi	huānyíng	qiānbǐ	fāpàng	gēge
	xīcān	zhēyáng	cāochǎng	xūruò	zhuōzi
2성	píbāo	huángniú	chuánzhǎng	láodòng	shénme
	páshān	Hánguó	huánbǎo	xuéxiào	yéye
	túshū	píngshí	xíngshǐ	qíguài	máfan
3성	mǎchē	hǎorén	zhǎnlǎn	gǔdài	zěnme
	xiǎomāo	lǚyóu	Fǎyǔ	nǔlì	wǒmen
	dǔchē	cǎorén	zhǎosǐ	kǎoshì	jiějie
4성	zhànzhēng	qùnián	dàoshǒu	zuìjìn	bèizi
	dàoqī	jìshí	diànnǎo	cuòwù	bàba
	kànshū	kèwén	diànyǐng	lǜsè	gàizi

문법 语法 yǔfǎ

1 날짜 표현

㉮ 날짜를 물을 때: 几月几号? Jǐ yuè jǐ hào?

㉯ 월: 一月 yī yuè, ……, 十二月 shí'èr yuè

㉰ 일: 一号 yī hào, ……, 二十号 èrshí hào, ……, 三十一号 sānshíyī hào

2 어기조사 '了₂[le]'의 용법

문장의 끝에 쓰여서 상태가 변화하였다, 새로운 상황이 발생하였다는 등의 뜻을 나타낸다.

> **어순**   문장 + 了₂[le]。

㉮ 명사술어문+了₂[le]
- 我今年二十五岁。 Wǒ jīnnián èrshíwǔ suì.
- 我今年二十五岁了。 Wǒ jīnnián èrshíwǔ suì le.

㉯ 형용사술어문+了₂[le]
- 她脸很红。 Tā liǎn hěn hóng.
- 她脸红了。 Tā liǎn hóng le.

* 脸[liǎn] 얼굴   红[hóng] 빨갛다, 붉다

3 구조 조사 '的[de]'의 용법

소유자와 소유물의 사이에 쓰여서 '소속(……의)'을 나타낸다.

> **어순**   소유자 + 的[de] + 소유물

我　　的　　词典
wǒ　　de　　cídiǎn

* 词典[cídiǎn] 사전

❺ Nǐ de shēngrì shì jǐ yuè jǐ hào? 你的生日是几月几号?

4 어기조사 '吧[ba]'의 용법

문장의 끝에 쓰여서 제안, 권유, 동의, 명령 등의 느낌을 나타낸다.

- 我们喝咖啡吧。 Wǒmen hē kāfēi ba.
- 好吧！ Hǎo ba!

5 의문사를 만드는 '多[duō]'의 용법

> 多[duō] + 단음절 형용사

- 多大[duō dà] 몇 살입니까?
- 多高[duō gāo] 얼마나 높습니까?
- 多长[duō cháng] 얼마나 깁니까?
- 多远[duō yuǎn] 얼마나 멉니까?

6 나이를 묻는 다양한 표현

- 어린이: 你几岁？ Nǐ jǐ suì?
- 자신과 비슷한 연배: 你多大？ Nǐ duō dà?
- 격식을 차린 표현: 您多大年纪？ Nín duō dà niánjì?
- 존경 표현: 您多大岁数？ Nín duō dà suìshù?

본문 课文 kèwén

1 두 사람은 서로의 생일을 묻고 답한다.

金景民　你的生日是几月几号?
Jīn Jǐngmín　Nǐ de shēngrì shì jǐ yuè jǐ hào?

王莉莉　九月三号。
Wáng Lìli　Jiǔ yuè sān hào.

你的生日呢?
Nǐ de shēngrì ne?

金景民　四月十七号。
Jīn Jǐngmín　Sì yuè shíqī hào.

王莉莉　这个星期天就是你的生日!
Wáng Lìli　Zhè ge xīngqītiān jiù shì nǐ de shēngrì!

金景民　对。星期天我们一起吃饭吧。
Jīn Jǐngmín　Duì. Xīngqītiān wǒmen yìqǐ chī fàn ba.

王莉莉　好!
Wáng Lìli　Hǎo!

Tip '월' 표현
一 [yī] 1　二 [èr] 2　三 [sān] 3
四 [sì] 4　五 [wǔ] 5　六 [liù] 6
七 [qī] 7　八 [bā] 8　九 [jiǔ] 9
十 [shí] 10　十一 [shíyī] 11
十二 [shí'èr] 12
+ 月 [yuè]

새로 나온 단어

的	de	구조조사. 명사와 수식성분 사이에 위치한다
生日	shēngrì	생일
月	yuè	월, 달
号	hào	일, 날
一起	yìqǐ	함께, 같이
吃	chī	먹다
饭	fàn	밥, 식사
吧	ba	제안, 청유 등을 나타내는 어기조사

❺ Nǐ de shēngrì shì jǐ yuè jǐ hào? 你的生日是几月几号?　**75**

2 생일이 언제인지를 듣고서 리리는 경민의 나이와 띠도 궁금해졌다.

王莉莉　你今年多大了?
Wáng Lìli　Nǐ jīnnián duō dà le?

金景民　二十六岁了。
Jīn Jǐngmín　Èrshíliù suì le.

王莉莉　属什么?
Wáng Lìli　Shǔ shénme?

金景民　属狗。
Jīn Jǐngmín　Shǔ gǒu.

王莉莉　那你不喜欢小猫, 对不对?
Wáng Lìli　Nà nǐ bù xǐhuan xiǎomāo, duì bu duì?

金景民　不。我很喜欢。
Jīn Jǐngmín　Bù. Wǒ hěn xǐhuan.

Tip
접속사 '那[nà]'는 문장의 첫머리에 쓰여서 '그렇다면'이라는 뜻을 나타낸다.
你去吗? 那我也去。
Nǐ qù ma? Nà wǒ yě qù.

새로 나온 단어

今年	jīnnián	올해	狗	gǒu	개
多大	duō dà	나이를 묻는 의문사. 몇 살	那	nà	그렇다면
了	le	변화의 발생을 나타내는 어기조사	小	xiǎo	작다
岁	suì	나이를 세는 단위. 살, 세	猫	māo	고양이
属	shǔ	(십이지 중에서) ……띠에 해당하다			

문형연습 句型练习 jùxíng liànxí — 기본문형 익히기

五月一号是星期几?
Wǔ yuè yī hào shì xīngqī jǐ?

바꿔 봅시다!

七月七号 qī yuè qī hào

八月十五号 bā yuè shíwǔ hào

十二月二十四号 shí'èr yuè èrshísì hào

我的生日是三月十号。
Wǒ de shēngrì shì sān yuè shí hào.

바꿔 봅시다!

爸爸的生日 bàba de shēngrì

妈妈的生日 māma de shēngrì

妹妹的生日 mèimei de shēngrì

바꿔 봅시다!

九月九号 jiǔ yuè jiǔ hào

十二月二十一号 shí'èr yuè èrshíyī hào

一月五号 yī yuè wǔ hào

❺ Nǐ de shēngrì shì jǐ yuè jǐ hào? 你的生日是几月几号?

你属什么?
Nǐ shǔ shénme?

你妈妈 nǐ māma

你爸爸 nǐ bàba

你哥哥 nǐ gēge

我属狗。
Wǒ shǔ gǒu.

马 mǎ

牛 niú

猪 zhū

单어 马 mǎ 말 | 牛 niú 소 | 猪 zhū 돼지

练习 liànxí

听 tīng 듣기

1. 녹음을 듣고 발음 연습을 해 보시오.

(1) cānjiā | fēijī | jiāotōng
kēxué | gōngyuán | huānyíng
fāngfǎ | dōngběi | hēibǎn
yīnyuè | gōngzuò | xīwàng

(2) chénggōng | guójiā | yágāo
huídá | lánqiú | shítáng
tíngzhǐ | píngguǒ | niúnǎi
láodòng | yóupiào | liúlì

(3) diàndēng | miànbāo | zìxiū
dàxué | dìtú | wèntí
wòshǒu | Hànyǔ | zìdiǎn
jìnbù | Hànzì | diànhuà

2. 녹음을 듣고 맞는 것을 찾으시오.

(1) ①  ②  ③

(2) ①  ②  ③

❺ Nǐ de shēngrì shì jǐ yuè jǐ hào? 你的生日是几月几号?

(3)

 ①    ②    ③

阅读 yuèdú 읽기

1. 서로 관련 있는 것끼리 짝을 지으시오.

   A 你今年多大了? Nǐ jīnnián duō dà le? ·   · ① 你属什么? Nǐ shǔ shénme?

   B 七月十四号。Qī yuè shísì hào. ·   · ② 对。Duì.

   C 我属狗。Wǒ shǔ gǒu. ·   · ③ 二十四岁了。Èrshísì suì le.

   D 明天是五号吗? ·   · ④ 你爷爷的生日是几月几号?
   Míngtiān shì wǔ hào ma?   Nǐ yéye de shēngrì shì jǐ yuè jǐ hào?

   > 단어
   > 爷爷 yéye 할아버지

2. 보기에서 적당한 단어를 골라 빈칸을 채우시오.

   > 보기   什么 shénme   多 duō   几 jǐ

   (1) 你的生日是(　　)月(　　)号?　　Nǐ de shēngrì shì (　　) yuè (　　) hào?

   (2) 你属(　　)?　　Nǐ shǔ (　　)?

   (3) 你今年(　　)大了?　　Nǐ jīnnián (　　) dà le?

说 shuō 말하기

다음 대화를 완성하시오.

(1) A : _____

     B : 今天六月一号，星期五。Jīntiān liù yuè yī hào, xīngqīwǔ.

(2) **A** : _____

　　B : 我不属狗。Wǒ bù shǔ gǒu.

(3) **A** : _____

　　B : 我今年二十岁了。 Wǒ jīnnián èrshí suì le.

写 xiě　쓰기

다음을 중국어로 작문하시오.

(1) 오늘은 화요일이 아니라, 수요일입니다.

_____

(2) 이번 주 일요일이 바로 우리 오빠의 생일입니다.

_____

(3) 일요일 날 우리 함께 식사합시다.

_____

Plus 도우미

십이지

鼠 shǔ 쥐	牛 niú 소	虎 hǔ 호랑이	兔 tù 토끼
龙 lóng 용	蛇 shé 뱀	马 mǎ 말	羊 yáng 양
猴 hóu 원숭이	鸡 jī 닭	狗 gǒu 개	猪 zhū 돼지

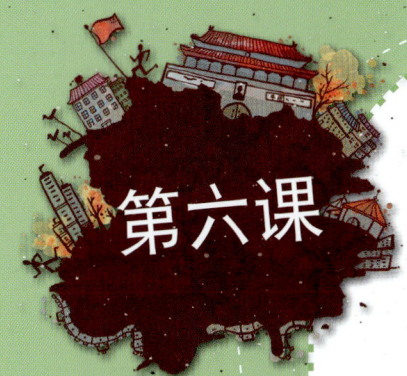

第六课

你去哪儿?
Nǐ qù nǎr?

학습목표

의문대명사 '哪儿[nǎr]'의 용법　　Nǐ qù nǎr? 你去哪儿?

의문대명사 '谁[shéi]'의 용법　　Tā shì shéi? 他是谁?

'太……了[tài……le]'의 용법
Nǐ de Hànyǔ tài hǎo le. 你的汉语太好了。

단어 生词 shēngcí

☐☐ 01	去	qù	동	가다
☐☐ 02	哪儿	nǎr	대	어디, 어느 곳
☐☐ 03	啊	ā	감	아, 아하
☐☐ 04	位	wèi	양	사람을 셀 때 사용하는 존경형 양사. 분
☐☐ 05	先生	xiānsheng	명	타인에 대한 존칭. 씨, 분
☐☐ 06	谁	shéi, shuí	대	누구
☐☐ 07	同屋	tóngwū	명	룸메이트
☐☐ 08	哪国人	nǎguórén		어느 나라 사람

*哪 nǎ 대 어느

☐☐ 09	真的	zhēnde		정말로
☐☐ 10	太……了	tài……le		너무나 ……하다, 정말로 ……하다
☐☐ 11	哪里	nǎli	대	천만에요 *두 번 반복하는 것이 일반적이다. 원래는 '어디'라는 뜻의 의문사
☐☐ 12	男朋友	nánpéngyou	명	남자친구
☐☐ 13	只	zhǐ	부	오직, 다만……일뿐
☐☐ 14	张明	Zhāng Míng	고유명사	장밍. 중국 여자 유학생

怎么写? zěnme xiě?

획순	啊 啊 啊 啊 啊 啊 啊 啊 啊 啊									총 10획
啊 ā	啊	啊	啊							

획순	谁 谁 谁 谁 谁 谁 谁 谁 谁 谁									총 10획
谁 shéi	谁	谁	谁							

획순	同 同 同 同 同 同									총 6획
同 tóng	同	同	同							

획순	哪 哪 哪 哪 哪 哪 哪 哪 哪									총 9획
哪 nǎ	哪	哪	哪							

획순	真 真 真 真 真 真 真 真 真 真									총 10획
真 zhēn	真	真	真							

획순	张 张 张 张 张 张 张									총 7획
张 zhāng	张	张	张							

6 Nǐ qù nǎr? 你去哪儿?

 **발음** 发音 fāyīn

1 3음절 단어 발음 연습

shìbóhuì   zhǎnlǎnguǎn   liúxuéshēng   shuāngbāotāi

jīqìrén   kēxuéjiā   tángcùròu   shāchénbào

lòu mǎjiǎo   kāi yèchē   pāi bāzhang   tán liàn'ài

2 4음절 단어 발음 연습

mínzhǔ zhǔyì   huánjìng bǎohù   rèliè huānyíng   guójì liánméng

gōnggòng qìchē   kǒngbù zǔzhī   shèhuì bǎoxiǎn   chūzū qìchē

dōngnán xīběi   zuǒgù yòupàn   zǒumǎ guānhuā   bāxiān guòhǎi

3 문장 연습

Bàba máng ma?

Má māma mà mǎ.

Sì shì sì, shí shì shí.

Jiǔ yuè jiǔ hào, jiǔ ge jiǔmí hē zuì jiǔ.

문법 语法 yǔfǎ

1 의문대명사 '哪儿[nǎr]'의 용법

장소를 묻는 의문사. '哪里[nǎli]'라고도 한다.

- 你去哪儿? Nǐ qù nǎr?
- 你是哪儿的人? Nǐ shì nǎr de rén?

2 의문대명사 '谁[shéi]'의 용법

사람을 묻는 의문사. [shuí]라고 발음하기도 한다.

- 谁是你哥哥? Shéi shì nǐ gēge?
- 她是谁的女朋友? Tā shì shéi de nǚpéngyou?

3 '太……了[tài……le]'의 용법

정도를 강조하여 감탄이나 찬탄의 뜻을 나타내는 감탄문을 만든다.

> 어순   주어 + 太[tài] + 형용사/동사 + 了[le]

　　　这本书　　太　　　好　　　了。
　　　Zhè běn shū　tài　　　hǎo　　　le.

- 她最近太忙了。Tā zuìjìn tài máng le.

* 本[běn] 책을 세는 양사. 권　　书[shū] 책　　最近[zuìjìn] 최근, 요즘

본문 课文 kèwén

1 드디어 생일 당일인 일요일, 두 사람이 생일 파티를 위해 레스토랑으로 가던 길에 우연히 리리의 친구를 만난다.

张明 　　王莉莉，你去哪儿？
Zhāng Míng　Wáng Lìli, nǐ qù nǎr?

王莉莉 　　啊！小张，你好！
Wáng Lìli　Ā! Xiǎo Zhāng, nǐ hǎo!

张明 　　这位先生是谁？
Zhāng Míng　Zhè wèi xiānsheng shì shéi?

王莉莉 　　这是我的朋友，叫金景民。
Wáng Lìli　Zhè shì wǒ de péngyou, jiào Jīn Jǐngmín.

　　　　这是我的同屋，叫张明。
　　　　Zhè shì wǒ de tóngwū, jiào Zhāng Míng.

金景民 　　认识你，很高兴。
Jīn Jǐngmín　Rènshi nǐ, hěn gāoxìng.

张明 　　认识你，我也很高兴。
Zhāng Míng　Rènshi nǐ, wǒ yě hěn gāoxìng.

새로 나온 단어

去	qù	가다
哪儿	nǎr	어디, 어느 곳
啊	ā	아, 아하
位	wèi	사람을 셀 때 사용하는 존경형 양사. 분
先生	xiānsheng	타인에 대한 존칭. 씨, 분
谁	shéi, shuí	누구
同屋	tóngwū	룸메이트

고유명사

张明	Zhāng Míng	장밍. 중국 여자 유학생

2 리리의 친구가 경민이 한국인임을 알고 그의 중국어 실력을 칭찬한다.

张明 Zhāng Míng	你是哪国人? Nǐ shì nǎguórén?
金景民 Jīn Jǐngmín	韩国人。 Hánguórén.
张明 Zhāng Míng	真的吗？你的汉语太好了。 Zhēnde ma? Nǐ de Hànyǔ tài hǎo le.
金景民 Jīn Jǐngmín	哪里哪里。 Nǎli nǎli.
张明 Zhāng Míng	你是莉莉的男朋友吗? Nǐ shì Lìli de nánpéngyou ma?
金景民 Jīn Jǐngmín	不是。我们只是朋友。 Bú shì. Wǒmen zhǐ shì péngyou.

Tip '里[li]'는 원래 제3성 '里[lǐ]'이기 때문에 哪里[nǎli]의 哪[nǎ]는 제2성[ná]으로 발음된다.

Tip 부사 '只[zhǐ]'는 뒤에 오는 동사를 수식하여 '오직', '다만'이라는 뜻을 나타낸다.

새로 나온 단어

哪国人	nǎguórén	어느 나라 사람
*哪	nǎ	어느
真的	zhēnde	정말로
太……了	tài……le	너무나 ……하다, 정말로 ……하다

哪里	nǎli	천만에요 *두 번 반복하는 것이 일반적이다. 원래는 '어디'라는 뜻의 의문사
男朋友	nánpéngyou	남자친구
只	zhǐ	오직, 다만……일뿐

6 Nǐ qù nǎr? 你去哪儿? **89**

문형연습 句型练习 jùxíng liànxí 기본문형 익히기

这位先生 是谁?
Zhè wèi xiānsheng shì shéi?

바꿔 봅시다!

这位小姐 zhè wèi xiǎojiě
那位老师 nà wèi lǎoshī
那位同学 nà wèi tóngxué
那个人 nà ge rén

这位先生 是哪国人?
Zhè wèi xiānsheng shì nǎguórén?

바꿔 봅시다!

你 nǐ
你们 nǐmen
他 tā
他们 tāmen

단어 小姐 xiǎojiě 아가씨(젊은 여성에 대한 호칭) | 老师 lǎoshī 선생님 | 同学 tóngxué 동창, 동급생

太好了。
Tài hǎo le.

바꿔 봅시다!

忙 máng

难 nán

高兴 gāoxìng

好喝 hǎohē

我们只是朋友。
Wǒmen zhǐ shì péngyou.

바꿔 봅시다! 바꿔 봅시다!

他们 tāmen   是学生 shì xuésheng

我 wǒ   有一个手机 yǒu yí ge shǒujī

我 wǒ   有一个哥哥 yǒu yí ge gēge

단어 学生 xuésheng 학생 | 手机 shǒujī 휴대 전화

연습문제 练习 liànxí

听 tīng 듣기

1. 녹음을 듣고 발음 연습을 해 보시오.

(1)

hàiqún zhīmǎ	jǐngdǐ zhīwā
yǒubèi wúhuàn	yúgōng yíshān
zhāosān mùsì	zìxiāng máodùn
lǎomǎ shìtú	sānrén chénghǔ
sìfēn wǔliè	bǎifā bǎizhòng

2. 녹음을 듣고 맞는 것을 찾으시오.

(1)
①  ②  ③

(2)
①  ②  ③

(3)
①  ②  ③

阅读 yuèdú 읽기

1. 서로 관련 있는 것끼리 짝을 지으시오.

   A 你们去哪儿? Nǐmen qù nǎr? ·   · ① 你的汉语太好了。 Nǐ de Hànyǔ tài hǎo le.
   B 那位小姐是谁? ·   · ② 那位先生是哪国人?
     Nà wèi xiǎojiě shì shéi?   Nà wèi xiānsheng shì nǎguórén?
   C 美国人。 Měiguórén. ·   · ③ 我的同屋。 Wǒ de tóngwū.
   D 哪里哪里。 Nǎli nǎli. ·   · ④ 学校。 Xuéxiào.

   > 단어
   > 小姐 xiǎojiě 아가씨(젊은 여성에 대한 호칭)   美国 Měiguó 미국

2. 보기에서 적당한 단어를 골라 빈칸을 채우시오.

   > 보기   哪 nǎ   哪儿 nǎr   太……了 tài……le

   (1) 你是(　　)国人?　　　　Nǐ shì (　　)guórén?
   (2) 你的汉语(　　)好(　　)。　Nǐ de Hànyǔ (　　) hǎo (　　).
   (3) 你去(　　)?　　　　　Nǐ qù (　　)?

说 shuō 말하기

다음 대화를 완성하시오.

(1) A : _____
    B : 我去教室。 Wǒ qù jiàoshì.

(2) A : _____
    B : 我是法国人。 Wǒ shì Fǎguórén.

(3) A : 你家太漂亮了。 Nǐ jiā tài piàoliang le.
    B : _____

> 단어
> 教室 jiàoshì 교실   法国 Fǎguó 프랑스   漂亮 piàoliang 아름답다

写 xiě　쓰기

다음을 중국어로 작문하시오.

(1) 당신은 어느 나라 사람입니까?　_____

(2) 당신은 어디에 가십니까?　_____

(3) 우리는 단지 친구입니다.　_____

第七课
전반부 총복습

- 본문복습
- 새로 나온 단어
- 문법 사항 복습

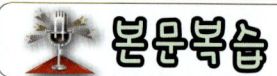

金景民是韩国人，是大学生。他学习汉语。
Jīn Jǐngmín shì Hánguórén, shì dàxuéshēng. Tā xuéxí Hànyǔ.

王莉莉是中国人，也是大学生。她学习经济学。
Wáng Lìli shì Zhōngguórén, yě shì dàxuéshēng. Tā xuéxí jīngjìxué.

她家有四口人，爸爸、妈妈、一个哥哥和她。
Tā jiā yǒu sì kǒu rén, bàba, māma, yí ge gēge hé tā.

金景民喜欢喝咖啡。王莉莉不喜欢喝咖啡，喜欢
Jīn Jǐngmín xǐhuan hē kāfēi. Wáng Lìli bù xǐhuan hē kāfēi, xǐhuan
喝茶。
hē chá.

金景民的生日是四月十七号，正好是星期天。
Jīn jǐngmín de shēngrì shì sì yuè shíqī hào, zhènghǎo shì xīngqītiān.

새로 나온 단어

大学生 dàxuéshēng 대학생   正好 zhènghǎo 마침, 때 마침

문법 사항 복습

A. 동사 '是[shì]'의 용법

> 가. 'A'+是[shì] + 'B': 'A'는 'B'이다
> 나. 부정문: 'A'+ 不[bù] + 是[shì]+'B'

❶ 저는 한국인입니다. ⇨

❷ 저는 학생입니다. (学生 xuésheng: 학생) ⇨

❸ 오늘은 월요일이 아닙니다. ⇨

❹ 오늘은 1월 1일이 아닙니다. ⇨

❺ 그녀는 저의 룸메이트입니다. ⇨

B. 동사 '有[yǒu]'의 용법

> 가. 장소 + 有[yǒu] + 존재물: ……에 ……이 있다
> 나. 사람 + 有[yǒu] + 소유물: 사람이 ……을 가지고 있다
> 다. 부정문: 장소/사람 + 没[méi] + 有[yǒu] + 존재물/소유물

❶ 저는 중국 친구가 한 명 있습니다. ⇨

❷ 저는 남동생이 두 명 있습니다. (弟弟 dìdi: 남동생) ⇨

❸ 우리 집은 5명의 식구가 있습니다. ⇨

❹ 우리 오빠는 여자 친구가 없습니다. ⇨

❺ 저는 월요일에 수업이 없습니다. (课 kè: 수업) ⇨

C. 동사 '去[qù]'의 용법

> 주어 + 去[qù] + 장소: ……(으)로 가다

❶ 저는 학교에 갑니다. (学校 xuéxiào: 학교) ⇨

❷ 저는 중국에 갑니다. ⇨

❼ 전반부 총복습 **97**

D. 동사 '来[lái]'의 용법

주어 + 来[lái] + 장소: ……(으)로 오다

❶ 그는 내일 학교에 옵니다. (学校 xuéxiào: 학교) ⇨

❷ 그는 내일 학교에 오지 않습니다. ⇨

E. 동사 '喜欢[xǐhuan]'의 용법

가. 喜欢[xǐhuan] + 명사: ……을 좋아하다

❶ 저는 중국인을 좋아합니다. ⇨

❷ 저는 금요일을 좋아합니다. ⇨

❸ 저는 5월을 좋아합니다. ⇨

나. 喜欢[xǐhuan] + 동사 + 목적어: ……하기를 좋아하다

❶ 저는 커피 마시는 것을 좋아합니다. ⇨

❷ 저는 중국어 공부하는 것을 좋아합니다. ⇨

❸ 저는 중국어 공부하는 것을 좋아하지 않습니다. ⇨

F. 각종 의문사 복습

가. 什么[shénme] : 무엇

❶ 이것은 무엇입니까? ⇨

❷ 당신은 무엇을 마십니까? ⇨

❸ 당신은 무엇을 좋아합니까? ⇨

❹ 당신의 이름은 무엇입니까? ⇨

❺ 당신은 무엇을 공부하십니까? ⇨

나. 谁[shéi] : 누구

❶ 그는 누구입니까? ⇨

❷ 이 사람은 누구입니까? ⇨
❸ 저 사람은 누구입니까? ⇨
❹ 누가 미스터 김입니까? ⇨
❺ 누가 중국어 선생님입니까? (老师 lǎoshī: 선생님) ⇨

다. 哪[nǎ] : 어느

❶ 당신은 어느 나라 사람입니까? ⇨
❷ 어느 사람이 당신의 오빠입니까? ⇨
❸ 어느 분이 당신 남자친구입니까? ⇨

라. 哪儿[nǎr] : 어디

❶ 당신은 어디에 가십니까? ⇨

마. 几[jǐ] : 몇(10이하의 숫자를 묻는 의문사)

❶ 오늘은 무슨 요일입니까? ⇨
❷ 지금은 몇 월입니까? (现在 xiànzài: 지금) ⇨
❸ 오늘은 몇 월 며칠입니까? ⇨
❹ 당신 집은 식구가 몇 명입니까? ⇨

G. 의문문 만들기

가. ……吗[ma]? : 문장의 끝에 쓰여서 의문문을 만든다.

❶ 오늘은 일요일입니까? ⇨
❷ 당신은 학생입니까? (学生 xuésheng: 학생) ⇨
❸ 당신은 커피를 좋아합니까? ⇨
❹ 이것은 커피입니까? ⇨
❺ 지금은 4월입니까? (现在 xiànzài: 지금) ⇨

❻ 당신은 중국인입니까? ⇨
❼ 당신은 중국어를 공부하십니까? ⇨
❽ 당신은 바쁘십니까? ⇨

나. 정반의문문: 긍정과 부정을 반복하여 의문문을 만든다.

❶ 오늘은 월요일입니까 아닙니까? ⇨
❷ 지금은 1월입니까 아닙니까? (现在 xiànzài: 지금) ⇨
❸ 당신은 바쁩니까 안 바쁩니까? ⇨
❹ 당신은 커피를 좋아합니까 좋아하지 않습니까? ⇨
❺ 당신은 학교에 갑니까 안 갑니까? (学校 xuéxiào: 학교) ⇨

H. 자기 소개

> 가. 属[shǔ]: 띠는 ……입니다
> 나. 叫[jiào]: 이름은 ……이라고 합니다
> 다. 姓[xìng]: 성은 ……이라고 합니다

❶ 당신은 무슨 띠입니까? ⇨
❷ 저는 돼지띠입니다. (猪 zhū: 돼지) ⇨
❸ 저는 쥐띠가 아닙니다. (鼠 shǔ: 쥐) ⇨
❹ 당신의 이름은 무엇입니까? ⇨
❺ 저는 ○○○(자신의 이름을 넣어서)이라고 합니다. ⇨
❻ 당신은 성이 무엇입니까? ⇨
❼ 저는 성이 김씨입니다. ⇨
❽ 저는 성이 김씨가 아닙니다. ⇨

第八课

祝你生日快乐!
Zhù nǐ shēngrì kuàilè!

학습목표

조동사 '想[xiǎng]'의 용법
你们想吃什么? Nǐmen xiǎng chī shénme?

접두사 '好[hǎo]'의 용법　好吃 hǎochī

시각 표현　　　　　　几点? Jǐ diǎn?

단어 生词 shēngcí

☐☐ 01	祝	zhù	동 기원하다, 빌다
☐☐ 02	快乐	kuàilè	형 즐겁다, 유쾌하다
☐☐ 03	想	xiǎng	동 생각하다; 조동 ……하고 싶어 하다
☐☐ 04	请客	qǐng//kè	동 한턱 내다
☐☐ 05	家	jiā	양 가정, 가게, 병원, 기업 따위를 세는 양사
☐☐ 06	饭馆儿	fànguǎnr	명 레스토랑
☐☐ 07	菜	cài	명 요리, 음식, 반찬
☐☐ 08	好吃	hǎochī	형 맛있다
☐☐ 09	猪排骨	zhūpáigǔ	명 돼지갈비
☐☐ 10	要	yào	동 필요하다, 요구하다, 원하다
☐☐ 11	现在	xiànzài	명 지금, 현재
☐☐ 12	点	diǎn	양 시
☐☐ 13	分	fēn	양 분
☐☐ 14	事儿	shìr	명 일
☐☐ 15	没关系	méiguānxi	괜찮다, 문제 없다

怎么写? zěnme xiě?

획순	乐 乐 乐 乐 乐									총 5획
乐	乐	乐	乐							
lè										

획순	想 想 想 想 想 想 想 想 想 想 想 想 想									총 13획
想	想	想	想							
xiǎng										

획순	客 客 客 客 客 客 客 客 客									총 9획
客	客	客	客							
kè										

획순	菜 菜 菜 菜 菜 菜 菜 菜 菜 菜 菜									총 11획
菜	菜	菜	菜							
cài										

획순	猪 猪 猪 猪 猪 猪 猪 猪 猪 猪 猪									총 11획
猪	猪	猪	猪							
zhū										

획순	系 系 系 系 系 系 系									총 7획
系	系	系	系							
xì										

8 Zhù nǐ shēngrì kuàilè! 祝你生日快乐!

문법 语法 yǔfǎ

1 동사 '想[xiǎng]'과 조동사 '想[xiǎng]'의 용법

가 동사 '想[xiǎng]': (……을/를) 생각하다, (……을/를) 그리워하다

> 어순   주어 + 想[xiǎng] + (대)명사

我 想 她。
Wǒ xiǎng tā.

나 조동사 '想[xiǎng]': ……하고 싶어 하다

> 어순   주어 + 想[xiǎng] + 동사 (+ 목적어)

我 想 去 中国。
Wǒ xiǎng qù Zhōngguó.

2 접두사 '好[hǎo]'의 용법

> 好[hǎo] + 단음절 동사: ……하기가 좋다

- 好吃[hǎochī] 먹기가 좋다 → 맛있다
- 好喝[hǎohē] 마시기가 좋다 → (음료 따위가) 맛있다
- 好听[hǎotīng] 듣기가 좋다 → 듣기 좋다
- 好看[hǎokàn] 보기가 좋다 → 잘생기다, 예쁘다

* 听[tīng] 듣다   看[kàn] 보다

3 시각 표현

시각 표현의 위치는 주어의 앞 혹은 주어와 술어의 사이에 온다.

㉮ 시각을 물을 때: 几点? Jǐ diǎn?

㉯ 시: 一点[yī diǎn], 两点[liǎng diǎn], ……, 十二点[shí'èr diǎn]

㉰ 분: 十分[shí fēn], 二十分[èrshí fēn], ……, 三十五分[sānshíwǔ fēn]

㉱ 刻[kè]: 15분을 단위로 하는 시각 표시법

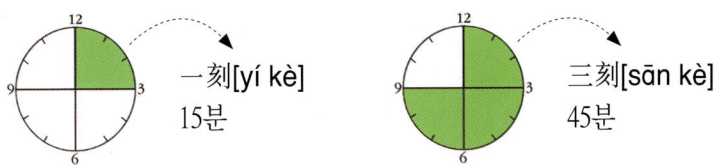

一刻[yí kè]
15분

三刻[sān kè]
45분

㉲ 半[bàn]: 30분

㉳ 差[chà]: 差[chà] + X + 分[fēn] + Y + 点[diǎn]: 'Y시까지는 X분이 남았다', 'Y시 X분 전'

- 差五分七点。Chà wǔ fēn qī diǎn. (=六点五十五分。Liù diǎn wǔshíwǔ fēn.)

본문 课文 kèwén

1 생일 축하 파티를 위하여 경민과 친구들이 레스토랑에 모였다.

王、张　　祝你生日快乐！
Wáng, Zhāng　Zhù nǐ shēngrì kuàilè!

金景民　　谢谢。你们想吃什么？
Jīn Jǐngmín　Xièxie. Nǐmen xiǎng chī shénme?

　　　　　今天是我的生日，我请客。
　　　　　Jīntiān shì wǒ de shēngrì, wǒ qǐng kè.

王莉莉　　这家饭馆儿哪个菜好吃？
Wáng Lìli　Zhè jiā fànguǎnr nǎ ge cài hǎochī?

金景民　　猪排骨很好吃。
Jīn Jǐngmín　Zhūpáigǔ hěn hǎochī.

王莉莉　　那我吃猪排骨。
Wáng Lìli　Nà wǒ chī zhūpáigǔ.

张明　　　我也要猪排骨。
Zhāng Míng　Wǒ yě yào zhūpáigǔ.

새로 나온 단어

祝	zhù	기원하다, 빌다
快乐	kuàilè	즐겁다, 유쾌하다
想	xiǎng	생각하다; ……하고 싶어 하다
请客	qǐng//kè	한턱 내다
家	jiā	가정, 가게, 병원, 기업 따위를 세는 양사
饭馆儿	fànguǎnr	레스토랑
菜	cài	요리, 음식, 반찬
好吃	hǎochī	맛있다
猪排骨	zhūpáigǔ	돼지갈비
要	yào	필요하다, 요구하다, 원하다

2 생일 파티를 하던 도중, 리리는 장밍에게 다른 볼 일이 있다는 사실을 떠올린다.

王莉莉　现在几点了？
Wáng Lìli　Xiànzài jǐ diǎn le?

金景民　一点四十分。
Jīn Jǐngmín　Yī diǎn sìshí fēn.

王莉莉　张明两点有事儿。
Wáng Lìli　Zhāng Míng liǎng diǎn yǒu shìr.

张明　对不起。
Zhāng Míng　Duìbuqǐ.

金景民　没关系。再见。
Jīn Jǐngmín　Méiguānxi. Zàijiàn.

张明　再见。
Zhāng Míng　Zàijiàn.

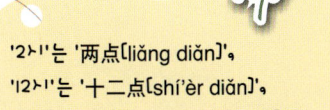

'2시'는 '两点(liǎng diǎn)', '12시'는 '十二点(shí'èr diǎn)', '2분'은 '二分(èr fēn)'이라고 말한다.

새로 나온 단어

现在	xiànzài	지금, 현재	事儿	shìr	일
点	diǎn	시	没关系	méiguānxi	괜찮다, 문제 없다
分	fēn	분			

❽ Zhù nǐ shēngrì kuàilè! 祝你生日快乐！　107

문형연습 句型练习 jùxíng liànxí　　기본문형 익히기

我想吃猪排骨。
Wǒ xiǎng chī zhūpáigǔ.

바꿔 봅시다!

吃中国菜 chī Zhōngguócài

学习汉语 xuéxí Hànyǔ

去图书馆 qù túshūguǎn

哪个菜好吃?
Nǎ ge cài hǎochī?

바꿔 봅시다!

个茶好喝 ge chá hǎohē

首歌好听 shǒu gē hǎotīng

本书好看 běn shū hǎokàn

단어
图书馆 túshūguǎn 도서관 | 首 shǒu 노래를 세는 양사 | 歌 gē 노래 | 好听 hǎotīng 듣기 좋다 | 本 běn 책을 세는 양사, 권 | 书 shū 책 | 好看 hǎokàn 보기 좋다, 읽기 좋다

祝你生日快乐。
Zhù nǐ shēngrì kuàilè.

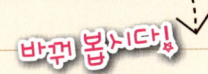

妈妈 māma
爷爷 yéye
老师 lǎoshī

现在一点四十分。
Xiànzài yī diǎn sìshí fēn.

两点二十分 liǎng diǎn èrshí fēn
三点十分 sān diǎn shí fēn
四点零二分 sì diǎn líng èr fēn

단어 爷爷 yéye 할아버지 | 老师 lǎoshī 선생님

연습문제 练习 liànxí

听 tīng 듣기

1. 녹음을 듣고 맞는 것을 찾으시오.

(1)
① 　② 　③

(2)
① 　② 　③

(3)
① 　② 　③

(4)
① 　② 　③

(5)
① 　② 　③

2. 녹음 내용에 근거하여 정답을 찾으시오.

(1)
　　A: 猪　　　B: 菜　　　C: 猪排骨

(2)
　　A: 我妹妹　　B: 我姐姐　　C: 她妹妹

(3)
　　A: 我朋友　　B: 他朋友　　C: 我女朋友

阅读 yuèdú 읽기

1. 서로 관련 있는 것끼리 짝을 지으시오.

　A 你想吃什么？Nǐ xiǎng chī shénme?　·　　·　① 对不起。Duìbuqǐ.
　B 谢谢。Xièxie.　·　　·　② 韩国菜。Hánguócài.
　C 没关系。Méiguānxi.　·　　·　③ 现在几点了？Xiànzài jǐ diǎn le?
　D 两点零五分。Liǎng diǎn líng wǔ fēn.　·　　·　④ 六月八号。Liù yuè bā hào.
　E 你爸爸的生日是几月几号？　·　　·　⑤ 祝你生日快乐！Zhù nǐ shēngrì kuàilè!
　　Nǐ bàba de shēngrì shì jǐ yuè jǐ hào?

2. 보기에서 적당한 단어를 골라 빈칸을 채우시오.

　보기　几 jǐ　　家 jiā　　什么 shénme　　多 duō　　吃 chī

(1) 你(　　)大了?　　　　Nǐ (　　) dà le?
(2) 你们要(　　)?　　　　Nǐmen yào (　　)?
(3) 这(　　)饭馆儿的菜很好吃。　Zhè (　　) fànguǎnr de cài hěn hǎochī.
(4) 我们想(　　)猪排骨。　Wǒmen xiǎng (　　) zhūpáigǔ.
(5) 今天你想(　　)点吃晚饭?　Jīntiān nǐ xiǎng (　　) diǎn chī wǎnfàn?

단어
晚饭 wǎnfàn 저녁밥, 저녁 식사

说 shuō　말하기

다음 대화를 완성하시오.

(1) A : _____

　　B : 今天我十二点吃午饭。Jīntiān wǒ shí'èr diǎn chī wǔfàn.

(2) A : _____

　　B : 我的生日是五月二十号，星期三。Wǒ de shēngrì shì wǔ yuè èrshí hào, xīngqīsān.

(3) A : _____

　　B : 对。我喜欢小狗。Duì. Wǒ xǐhuan xiǎogǒu.

(4) A : _____

　　B : 是的。 这个菜很好吃。Shì de. Zhè ge cài hěn hǎochī.

> 단어
> 午饭 wǔfàn 점심밥, 점심 식사

写 xiě　쓰기

다음을 중국어로 작문하시오.

(1) 지금 몇 시입니까?　_____

(2) 지금 2시 2분입니다.　_____

(3) 이 음식점의 요리는 맛있습니다.　_____

(4) 오늘 제가 한 턱 내겠습니다.　_____

(5) 생일 축하합니다!　_____

第九课

你的手机号码是多少？
Nǐ de shǒujī hàomǎ shì duōshao?

학습목표

전화번호 묻고 답하기
你的手机号码是多少？Nǐ de shǒujī hàomǎ shì duōshao?

동사의 중첩(1) 你看看。Nǐ kànkan.

동사 '在[zài]'의 용법
我在第一教学楼。Wǒ zài dì yī jiàoxuélóu.

개사 '在[zài]'의 용법(1)
你在那儿等我。Nǐ zài nàr děng wǒ.

단어 生词 shēngcí

- ☐☐ 01 手机　　shǒujī　　명 휴대 전화

  *电话 diànhuà 명 전화

- ☐☐ 02 号码　　hàomǎ　　명 번호
- ☐☐ 03 多少　　duōshao　　대 두 자리 수 이상의 수를 묻는 의문사. 얼마
- ☐☐ 04 买　　mǎi　　동 사다
- ☐☐ 05 看　　kàn　　동 보다
- ☐☐ 06 漂亮　　piàoliang　　형 예쁘다
- ☐☐ 07 喂　　wèi　　감 (전화에서) 여보세요
- ☐☐ 08 吧　　ba　　조 추측을 나타내는 조사
- ☐☐ 09 外面　　wàimiàn　　명 바깥
- ☐☐ 10 下雨　　xià//yǔ　　동 비가 내리다
- ☐☐ 11 雨伞　　yǔsǎn　　명 우산
- ☐☐ 12 在　　zài　　동 ……에 있다; 개 ……에서
- ☐☐ 13 第一　　dì yī　　제일, 첫 번째
- ☐☐ 14 教学楼　　jiàoxuélóu　　명 강의동
- ☐☐ 15 等　　děng　　동 기다리다

怎么写? zěnme xiě?

획순	少 少 少 少										총 4획
少 shǎo	少	少	少								

획순	买 买 买 买 买 买										총 6획
买 mǎi	买	买	买								

획순	漂 漂 漂 漂 漂 漂 漂 漂 漂 漂 漂 漂 漂 漂										총 14획
漂 piào	漂	漂	漂								

획순	在 在 在 在 在 在										총 6획
在 zài	在	在	在								

획순	教 教 教 教 教 教 教 教 教 教 教										총 11획
教 jiào	教	教	教								

획순	楼 楼 楼 楼 楼 楼 楼 楼 楼 楼 楼 楼 楼										총 13획
楼 lóu	楼	楼	楼								

⑨ Nǐ de shǒujī hàomǎ shì duōshao? 你的手机号码是多少?

문법 语法 yǔfǎ

1 전화번호 묻고 답하기

전화번호를 묻는 의문사는 '多少[duōshao]'이다. 전화번호는 기본적으로 숫자를 하나하나씩 떼어서 발음한다. 또한 숫자 '1[yī]'는 '7[qī]'와의 혼동을 피하기 위하여 [yāo]로 발음한다.

A: 你的手机号码是多少？ Nǐ de shǒujī hàomǎ shì duōshao?

B: 我的手机号码是01238274569。
　　Wǒ de shǒujī hàomǎ shì líng yāo èr sān bā èr qī sì wǔ liù jiǔ.

2 동사의 중첩(1)

동사를 중첩하면 '좀' 혹은 '시험 삼아 (동작을 한 번) 해보다'라는 뜻이 추가된다.

- 你看看那个人。Nǐ kànkan nà ge rén.
- 这个收音机，你来修修。Zhè ge shōuyīnjī, nǐ lái xiūxiu.
- 你等等她吧。Nǐ děngdeng tā ba.
- 请你喝喝这杯咖啡。Qǐng nǐ hēhe zhè bēi kāfēi.

* 收音机 [shōuyīnjī] 라디오　　修[xiū] 수리하다, 고치다　　杯 [bēi] 컵에 담긴 음료를 세는 양사. 잔, 컵

3 동사 '在[zài]'의 용법: ……이/가 ……에 있다

| 어순 | 사람(물건) + 在[zài] + 장소 |

　　　　　我　　　　在　　第一教学楼。
　　　　　Wǒ　　　zài　　dì yī jiàoxuélóu.

- 他在家。Tā zài jiā.
- 他在饭馆儿。Tā zài fànguǎnr.
- 他在图书馆。Tā zài túshūguǎn.

* 图书馆 [túshūguǎn] 도서관

4 개사 '在[zài]'의 용법(1)

> 어순 주어 + 在[zài] + 장소 + 동사(형용사)

他　　在　第一教学楼　等 我。
Tā　　zài　dì yī jiàoxuélóu děng wǒ.

· 我在家学习。Wǒ zài jiā xuéxí.

· 她在饭馆儿吃饭。Tā zài fànguǎnr chī fàn.

· 我在图书馆看书。Wǒ zài túshūguǎn kàn shū.

* 书[shū] 책

본문 课文 kèwén

1 생일파티를 마칠 때쯤 리리가 경민의 전화 번호를 물어본다.

王莉莉　你有手机吗? 号码是多少?
Wáng Lìli　Nǐ yǒu shǒujī ma? Hàomǎ shì duōshao?

金景民　有。01234566789。
Jīn Jǐngmín　Yǒu. Líng yāo èr sān sì wǔ liù liù qī bā jiǔ.

你的手机号码是多少?
Nǐ de shǒujī hàomǎ shì duōshao?

王莉莉　我没有手机。想买一个。
Wáng Lìli　Wǒ méiyǒu shǒujī. Xiǎng mǎi yí ge.

金景民　这是我的手机。你看看。
Jīn Jǐngmín　Zhè shì wǒ de shǒujī. Nǐ kànkan.

王莉莉　太漂亮了。我也想买这个。
Wáng Lìli　Tài piàoliang le. Wǒ yě xiǎng mǎi zhè ge.

> 중국에서는 휴대 전화 번호나 전화 번호를 쓸 때 중간에 '-'를 표기하지 않는다.

새로 나온 단어

手机	shǒujī	휴대 전화	买	mǎi	사다
*电话	diànhuà	전화	看	kàn	보다
号码	hàomǎ	번호	漂亮	piàoliang	예쁘다
多少	duōshao	두 자리 수 이상의 수를 묻는 의문사. 얼마			

2 기숙사로 돌아온 리리에게 장밍으로부터 다급한 전화가 걸려온다.

张明　　　　喂! 我是张明, 你是莉莉吧?
Zhāng Míng　Wèi! Wǒ shì Zhāng Míng, nǐ shì Lìli ba?

王莉莉　　　啊! 张明。你有事儿吗?
Wáng Lìli　　Ā! Zhāng Míng. Nǐ yǒu shìr ma?

张明　　　　现在外面下雨, 我没有雨伞。
Zhāng Míng　Xiànzài wàimiàn xià yǔ, wǒ méiyǒu yǔsǎn.

王莉莉　　　你在哪儿?
Wáng Lìli　　Nǐ zài nǎr?

张明　　　　我在第一教学楼。
Zhāng Míng　Wǒ zài dì yī jiàoxuélóu.

王莉莉　　　你就在那儿等我吧。
Wáng Lìli　　Nǐ jiù zài nàr děng wǒ ba.

Tip
날씨 표현
우리말의 주어에 해당하는 기상현상이 중국어에서는 목적어 자리에 들어가며, 별도의 주어는 불필요하다.
어순: 下[xià]+날씨
　　　下[xià]+雨[yǔ] 비
　　　下[xià]+雪[xuě] 눈

새로 나온 단어

喂	wèi	(전화에서) 여보세요
吧	ba	추측을 나타내는 조사
外面	wàimiàn	바깥
下雨	xià//yǔ	비가 내리다
雨伞	yǔsǎn	우산
在	zài	……에 있다; ……에서
第一	dì yī	제일, 첫 번째
教学楼	jiàoxuélóu	강의동
等	děng	기다리다

❾ Nǐ de shǒujī hàomǎ shì duōshao? 你的手机号码是多少?

문형연습 句型练习 jùxíng liànxí   기본문형 익히기

你的手机号码是多少?
Nǐ de shǒujī hàomǎ shì duōshao?

바꿔 봅시다!

你家的电话 nǐ jiā de diànhuà
你的护照 nǐ de hùzhào
你的身份证 nǐ de shēnfènzhèng

他现在在家。
Tā xiànzài zài jiā.

바꿔 봅시다!

学校 xuéxiào
中国 Zhōngguó
饭馆儿 fànguǎnr

단어 护照 hùzhào 여권 | 身份证 shēnfènzhèng 신분증 | 学校 xuéxiào 학교

他现在不在家。
Tā xiànzài bú zài jiā.

学校 xuéxiào

中国 Zhōngguó

饭馆儿 fànguǎnr

他现在在家喝咖啡。
Tā xiànzài zài jiā hē kāfēi.

等朋友 děng péngyou

学习汉语 xuéxí Hànyǔ

吃饭 chī//fàn

연습문제 练习 liànxí

听 tīng 듣기

1. 녹음을 듣고 맞는 것을 찾으시오.

(1)
① 　② 　③

(2)
① 　② 　③

(3)
① 　② 　③

(4)
① 　② 　③

(5)
① 　② 　③

2. 녹음 내용에 근거하여 정답을 찾으시오.

(1)
A: 手机　　　B: 阳伞　　　C: 雨伞

(2)
A: 01271518701　　B: 0127518701　　C: 01271518710

(3)
A: 我妈妈　　B: 哥哥的妈妈　　C: 她妈妈

단어　阳伞 yángsǎn 양산

阅读 yuèdú 읽기

1. 서로 관련 있는 것끼리 짝을 지으시오.

A 这不是我的手机号码。
　Zhè bú shì wǒ de shǒujī hàomǎ.

B 我爷爷家没有电话。
　Wǒ yéye jiā méiyǒu diànhuà.

C 我在学校。Wǒ zài xuéxiào.

D 我没有事儿。Wǒ méiyǒu shìr.

E 他不在。Tā bú zài.

① 喂！请问，金先生在吗?
　Wèi! Qǐngwèn, Jīn xiānsheng zài ma?

② 你爷爷家的电话号码是多少?
　Nǐ yéye jiā de diànhuà hàomǎ shì duōshao?

③ 你有事儿吗? Nǐ yǒu shìr ma?

④ 你在哪儿? Nǐ zài nǎr?

⑤ 这是你的手机号码吗?
　Zhè shì nǐ de shǒujī hàomǎ ma?

단어　爷爷 yéye 할아버지　学校 xuéxiào 학교

2. 보기에서 적당한 단어를 골라 빈칸을 채우시오.

보기　个 ge　在 zài　想 xiǎng　有 yǒu　哪儿 nǎr

(1) 你(　　)那儿等我。　　Nǐ (　　) nàr děng wǒ.

(2) 你在(　　)?　　Nǐ zài (　　)?

(3) 你(　　)事儿吗?　　Nǐ (　　) shìr ma?

(4) 我(　　)看看那把雨伞。　　Wǒ (　　) kànkan nà bǎ yǔsǎn.

(5) 那(　　)手机太漂亮了。　　Nà (　　) shǒujī tài piàoliang le.

단어　把 bǎ 손잡이가 있는 물건을 세는 양사

说 shuō　말하기

다음 대화를 완성하시오.

(1) A : _____

　　B : 我现在没有雨伞。Wǒ xiànzài méiyǒu yǔsǎn.

(2) A : 你的手机号码是多少？Nǐ de shǒujī hàomǎ shì duōshao?

　　B : _____

(3) A : 喂！请问，张先生在吗？Wèi! Qǐngwèn, Zhāng xiānsheng zài ma?

　　B : _____ (부정으로 답하시오.)

(4) A : _____

　　B : 我现在不在学校。Wǒ xiànzài bú zài xuéxiào.

写 xiě　쓰기

다음을 중국어로 작문하시오.

(1) 당신의 집 전화번호는 몇 번입니까?

_____

(2) 저는 당신의 휴대 전화를 좀 보고 싶습니다.

_____

(3) 당신은 지금 어디에 있습니까?

_____

(4) 저는 오늘 오후에 집에 없습니다.

_____

(5) 당신은 내일 여기에서 저를 기다리세요.

_____

단어　下午 xiàwǔ 오후

第十课

你昨天买了些什么？

Nǐ zuótiān mǎi le xiē shénme?

학습목표

동태조사 '了₁[le]'의 용법
你昨天买了些什么？ Nǐ zuótian mǎi le xie shénme?

동태조사 '了₁[le]'의 부정 '没(有)[méi(yǒu)]'
我没(有)买面包。 Wǒ méi(yǒu) mǎi miànbāo.

물건값 묻고 답하기 多少钱一斤？ Duōshao qián yì jīn?

숫자 말하기(1)

단어 生词 shēngcí

☐☐ 01	学校	xuéxiào	명	학교
☐☐ 02	附近	fùjìn	명	부근, 근처
☐☐ 03	超市	chāoshì	명	슈퍼마켓 *超级市场[chāojí shìchǎng]의 준말
☐☐ 04	大	dà	형	(크기가) 크다
☐☐ 05	东西	dōngxi	명	물건
☐☐ 06	多	duō	형	많다
☐☐ 07	远	yuǎn	형	멀다
☐☐ 08	昨天	zuótiān	명	어제
☐☐ 09	了	le	조	동사의 동작이 완료되었음을 나타내는 동태조사
☐☐ 10	(一)些	(yì) xiē	양	약간, 몇몇
☐☐ 11	斤	jīn	양	근 *1근 = 500g정도
☐☐ 12	猪肉	zhūròu	명	돼지고기
☐☐ 13	本子	běnzi	명	노트, 공책
☐☐ 14	面包	miànbāo	명	빵
☐☐ 15	一共	yígòng	부	모두, 합계
☐☐ 16	钱	qián	명	돈
☐☐ 17	万	wàn	수	만, 10000
☐☐ 18	千	qiān	수	천, 1000
☐☐ 19	块	kuài	양	중국의 화폐 단위. '元[yuán]'의 구어체 표현

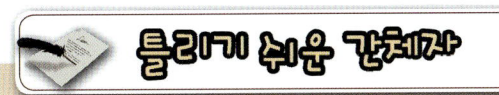

怎么写? zěnme xiě?

획순	超 超 超 超 超 超 超 超 超 超 超 超											총 12획
超 chāo	超	超	超									

획순	东 东 东 东 东											총 5획
东 dōng	东	东	东									

획순	远 远 远 远 远 远 远											총 7획
远 yuǎn	远	远	远									

획순	昨 昨 昨 昨 昨 昨 昨 昨 昨											총 9획
昨 zuó	昨	昨	昨									

획순	些 些 些 些 些 些 些 些											총 8획
些 xiē	些	些	些									

획순	钱 钱 钱 钱 钱 钱 钱 钱 钱 钱											총 10획
钱 qián	钱	钱	钱									

⑩ Nǐ zuótiān mǎi le xiē shénme? 你昨天买了些什么?

문법 语法 yǔfǎ

1 동태조사 '了₁[le]'의 용법

㉮ 동사의 뒤에 쓰여서 동작이나 행위가 이미 완료되었음을 나타낸다.

> **어순** 주어 + 동사 + 了[le] + 목적어

我　买　了　一个本子。
Wǒ　mǎi　le　yí ge běnzi.

- 他买了两斤猪肉。 Tā mǎi le liǎng jīn zhūròu.

> **주의** '동사+了+목적어'에서 목적어는 반드시 '수식어'를 동반하여야 문장을 마칠 수 있다. 만약 목적어의 앞에 다른 수식어가 없다면 '동사+목적어+了'의 형태로 써야 문장을 마칠 수 있다.

- 我买本子了。 Wǒ mǎi běnzi le.

㉯ 동태조사 '了₁[le]'의 부정

'了[le]'를 포함하는 문장은 동사의 앞에 '没(有)[méi(yǒu)]'를 사용하여 부정한다. 이 때 동사 뒤의 '了[le]'는 사라진다.

> **부정** 주어 + 没(有)[méi(yǒu)] + 동사 + 목적어

我　　没(有)　　买　书。
Wǒ　méi(yǒu)　mǎi　shū.

- 我们没(有)吃早饭。Wǒmen méi(yǒu) chī zǎofàn.

* 早饭[zǎofàn] 아침밥, 아침 식사

2 물건값 묻고 답하기

㉮ 물건값을 묻고 답하는 방법

- A: 这个(那个)多少钱？Zhè ge (Nà ge) duōshao qián?
  B: 这个(那个)三十五块钱。Zhè ge (Nà ge) sānshíwǔ kuài qián.
- A: 多少钱一斤？Duōshao qián yì jīn?
  B: 一百块一斤。Yì bǎi kuài yì jīn.

❹ 중국의 화폐 단위

문어체	元[yuán]	角[jiǎo]	分[fēn]
구어체	块[kuài]	毛[máo]	分[fēn]

3 숫자 말하기

㉮ 단위: 亿[yì] 억, 万[wàn] 만, 千[qiān] 천, 百[bǎi] 백, 十[shí] 십

- 59,621 五万九千六百二十一[wǔ wàn jiǔ qiān liù bǎi èrshíyī]

㉯ 숫자 사이의 '0'은 '零[líng]'이라고 읽어준다.

- 403 四百零三[sì bǎi líng sān]

㉰ '100', '1,000', '10,000'은 숫자 '一[yī]'를 붙여서 읽어준다.

- 一百[yì bǎi], 一千[yì qiān], 一万[yí wàn]

❿ Nǐ zuótiān mǎi le xiē shénme? 你昨天买了些什么?

본문 课文 kèwén

1 학교 주변 지리에 익숙하지 못한 리리가 슈퍼마켓의 위치를 경민에게 묻는다.

王莉莉　学校附近有超市吗?
Wáng Lìli　Xuéxiào fùjìn yǒu chāoshì ma?

金景民　有一个。
Jīn Jǐngmín　Yǒu yí ge.

王莉莉　大吗? 东西多不多?
Wáng Lìli　Dà ma? Dōngxi duō bu duō?

> **Tip**
> 大 (dà) ↔ 小 (xiǎo)
> (크기가) 크다 ↔ (크기가) 작다
> (나이가) 많다 ↔ (나이가) 적다

金景民　很大。东西也很多。
Jīn Jǐngmín　Hěn dà. Dōngxi yě hěn duō.

王莉莉　远吗?
Wáng Lìli　Yuǎn ma?

金景民　不远。
Jīn Jǐngmín　Bù yuǎn.

새로 나온 단어

学校　xuéxiào　학교	大　dà　(크기가) 크다
附近　fùjìn　부근, 근처	东西　dōngxi　물건
超市　chāoshì　슈퍼마켓	多　duō　많다
*超级市场[chāojí shìchǎng]의 준말	远　yuǎn　멀다

2 다음날 경민이 리리에게 어제 무엇 무엇을 샀는지 물어본다.

金景民　　你昨天买了些什么?
Jīn Jǐngmín　Nǐ zuótiān mǎi le xiē shénme?

王莉莉　　我买了一斤猪肉，两个本子和五个面包。
Wáng Lìli　Wǒ mǎi le yì jīn zhūròu, liǎng ge běnzi hé wǔ ge miànbāo.

金景民　　那些一共多少钱?
Jīn Jǐngmín　Nà xiē yígòng duōshao qián?

王莉莉　　一共一万两千块。
Wáng Lìli　Yígòng yí wàn liǎng qiān kuài.

Tip: 여기서는 배경이 한국이지만, 중국의 화폐 단위도 같이 연습할 수 있도록 단위는 块(kuài)를 사용하였다.

새로 나온 단어

昨天	zuótiān	어제
了	le	동사의 동작이 완료되었음을 나타내는 동태조사
(一)些	(yì) xiē	약간, 몇 몇
斤	jīn	근 *1근=500g정도
猪肉	zhūròu	돼지고기
本子	běnzi	노트, 공책
面包	miànbāo	빵
一共	yígòng	모두, 합계
钱	qián	돈
万	wàn	만, 10000
千	qiān	천, 1000
块	kuài	중국의 화폐 단위. '元[yuán]'의 구어체 표현

문형연습 句型练习 jùxíng liànxí 기본문형 익히기

学校附近有超市吗?
Xuéxiào fùjìn yǒu chāoshì ma?

바꿔 봅시다!

你家 nǐ jiā
他家 tā jiā
金先生家 Jīn xiānsheng jiā

바꿔 봅시다!

商店 shāngdiàn
银行 yínháng
饭馆儿 fànguǎnr

你昨天买了些什么?
Nǐ zuótiān mǎi le xiē shénme?

바꿔 봅시다!

你朋友 nǐ péngyou
你同屋 nǐ tóngwū
王小姐 Wáng xiǎojiě

바꿔 봅시다!

吃 chī
喝 hē
看 kàn

단어 商店 shāngdiàn 상점, 가게 | 银行 yínháng 은행 | 小姐 xiǎojiě 아가씨(젊은 여자에 대한 호칭)

你昨天买本子了吗?
Nǐ zuótiān mǎi běnzi le ma?

吃面包 chī miànbāo

喝咖啡 hē kāfēi

看书 kàn shū

我昨天没买本子。
Wǒ zuótiān méi mǎi běnzi.

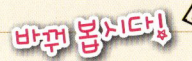

吃面包 chī miànbāo

喝咖啡 hē kāfēi

看电视 kàn diànshì

단어 | 书 shū 책 | 电视 diànshì 텔레비전

연습문제 练习 liànxí

听 tīng 듣기

1. 녹음을 듣고 맞는 것을 찾으시오.

(1)

(2)

(3)

(4)

(5)

단어
只 zhī 동물을 세는 양사. 마리

2. 녹음 내용에 근거하여 정답을 찾으시오.

(1)
   A: 牛肉　　　B: 猪肉　　　C: 猪

(2)
   A: 面包　　　B: 中国菜　　C: 肉

(3)
   A: 两块钱　　B: 二十块钱　C: 两千块钱

단어: 牛肉 niúròu 소고기

阅读 yuèdú 읽기

1. 서로 관련 있는 것끼리 짝을 지으시오.

A 他是留学生吗?
　Tā shì liúxuéshēng ma?

B 那儿东西多不多?
　Nàr dōngxi duō bu duō?

C 学校附近有一家饭馆儿很好吃。
　Xuéxiào fùjìn yǒu yì jiā fànguǎnr hěn hǎochī.

D 不远。Bù yuǎn.

① 是。他是中国留学生。
　Shì. Tā shì Zhōngguó liúxuéshēng.

② 哪家饭馆儿好吃?
　Nǎ jiā fànguǎnr hǎochī?

③ 你家远吗? Nǐ jiā yuǎn ma?

④ 东西很多，也很便宜。
　Dōngxi hěn duō, yě hěn piányi.

단어: 留学生 liúxuéshēng 유학생　便宜 piányi 싸다

2. 보기에서 적당한 단어를 골라 빈칸을 채우시오.

보기: 东西 dōngxi　就 jiù　了 le　多少 duōshao　有 yǒu

(1) 请问，这儿附近(　　)商店吗?　Qǐngwèn, zhèr fùjìn (　　) shāngdiàn ma?

(2) 商店(　　)在那儿。　Shāngdiàn (　　) zài nàr.

(3) 一共(　　)钱?　Yígòng (　　) qián?

(4) 你昨天吃(　　)些什么?　Nǐ zuótiān chī (　　) xiē shénme?

(5) 这些(　　)都是我的。　Zhè xiē (　　) dōu shì wǒ de.

단어: 商店 shāngdiàn 상점, 가게　都 dōu 모두

 Nǐ zuótiān mǎi le xiē shénme? 你昨天买了些什么?

说 shuō 말하기

다음 대화를 완성하시오.

(1) A : _____

　　B : 我们学校就在那儿。Wǒmen xuéxiào jiù zài nàr.

(2) A : _____

　　B : 那个超市很大。东西也很多。Nà ge chāoshì hěn dà. Dōngxi yě hěn duō.

(3) A : _____

　　B : 我今天早上吃了一碗米饭和一个鸡蛋。
　　　　Wǒ jīntiān zǎoshang chī le yì wǎn mǐfàn hé yí ge jīdàn.

(4) A : _____

　　B : 这些一共两千块。Zhè xiē yígòng liǎng qiān kuài.

단어
早上 zǎoshang 아침　　碗 wǎn 그릇에 담긴 물체를 세는 양사. 그릇
米饭 mǐfàn 쌀밥　　鸡蛋 jīdàn 계란

写 xiě 쓰기

다음을 중국어로 작문하시오.

(1) 당신은 어제 무엇들을 사셨습니까?　_____

(2) 그것들은 합해서 얼마입니까?　_____

(3) 학교 근처에는 슈퍼가 없습니다.　_____

(4) 슈퍼는 어디에 있습니까?　_____

(5) 저는 오늘 아침에 밥을 먹지 않았습니다.　_____

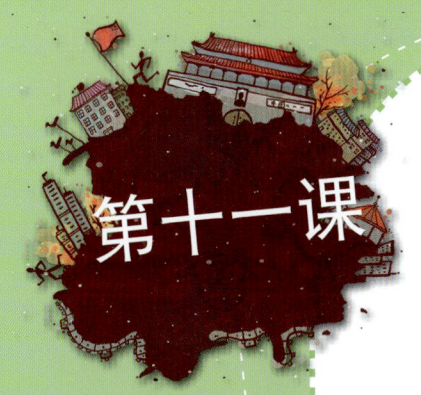

第十一课

他坐飞机来韩国。
Tā zuò fēijī lái Hánguó.

학습목표

의문대명사 '什么时候[shénme shíhou]'의 용법
你哥哥什么时候来韩国?
Nǐ gēge shénme shíhou lái Hánguó?

의문대명사 '怎么[zěnme]'의 용법(1)
他怎么来韩国? Tā zěnme lái Hánguó?

연동문(1)　他坐飞机来韩国。Tā zuò fēijī lái Hánguó.

조동사 '会[huì]'의 용법(1)
他会说韩语吗? Tā huì shuō Hányǔ ma?

'是[shì]……的[de]'문
他是什么时候来的? Tā shì shénme shíhou lái de?

단어 生词 shēngcí

☐☐01	什么时候	shénme shíhou	대	언제
☐☐02	下个月	xià ge yuè		다음 달
☐☐03	怎么	zěnme	대	어떻게
☐☐04	坐	zuò	동	앉다; (교통 수단을) 타다
☐☐05	飞机	fēijī	명	비행기
☐☐06	会	huì	조동	(배워서) …… 할 수 있다, …… 할 줄 안다
☐☐07	说	shuō	동	말하다, 이야기하다
☐☐08	韩语	Hányǔ	명	한국어
☐☐09	已经	yǐjing	부	벌써, 이미
☐☐10	是……的	shì……de		'是……的' 강조 구문 (문법설명 참조)

怎么写? zěnme xiě?

획순	候 候 候 候 候 候 候 候 候 候									총 10획
候	候	候	候							
hòu										

획순	怎 怎 怎 怎 怎 怎 怎 怎 怎								총 9획
怎	怎	怎	怎						
zěn									

획순	飞 飞 飞								총 3획
飞	飞	飞	飞						
fēi									

획순	说 说 说 说 说 说 说 说 说								총 9획
说	说	说	说						
shuō									

획순	已 已 已								총 3획
已	已	已	已						
yǐ									

획순	经 经 经 经 经 经 经 经								총 8획
经	经	经	经						
jīng									

⑪ Tā zuò fēijī lái Hánguó. 他坐飞机来韩国。

문법 语法 yǔfǎ

1 의문대명사 '什么时候[shénme shíhou]'의 용법: 때를 묻는 의문사

- 你哥哥什么时候来韩国？ Nǐ gēge shénme shíhou lái Hánguó?
- 你什么时候吃饭？ Nǐ shénme shíhou chī fàn?

2 의문대명사 '怎么[zěnme]'의 용법(1)

동사의 바로 앞에 쓰여서 수단이나 방법을 묻는다.

| 어순 | 주어 + 怎么[zěnme] + 동사 (+ 목적어) |

| 你 | 怎么 | 认识 | 她？ |
| Nǐ | zěnme | rènshi | tā? |

- 这个菜怎么吃？ Zhè ge cài zěnme chī?

3 연동문(1)(连动句 liándòngjù)

술어가 두 개 혹은 그 이상의 동사(구)로 이루어져 있고, 한 사람(주어)이 그 모든 동작을 하는 문장을 '연동문'이라고 한다.

| 어순 | 주어 + 동사1 (+ 목적어1) + 동사2 (+ 목적어2)…… |

| 他 | 坐 | 飞机 | 来 | 韩国。 |
| Tā | zuò | fēijī | lái | Hánguó. |

동사1이 동사2의 수단이나 방법을 나타내는 경우

- 我用铅笔写字。 Wǒ yòng qiānbǐ xiě zì.

* 用[yòng] 쓰다, 사용하다　铅笔[qiānbǐ] 연필　写字[xiě//zì] 글을 쓰다

4 조동사 '会[huì]'의 용법(1)

㉮ 학습이나 연습, 훈련 등을 통하여 후천적으로 '······할 수 있다'는 뜻을 나타낸다.

> **어순** 주어 + 会[huì] + 동사 (+ 목적어)

他　　会　　说　　韩语吗?
Tā　　huì　　shuō　Hányǔ ma?

- 我会开车。Wǒ huì kāichē.

* 开车[kāi//chē] 운전하다.

> **부정** 주어 + 不[bú] + 会[huì] + 동사 (+ 목적어)

我　　不　　会　　骑　　马。
Wǒ　　bú　　huì　　qí　　mǎ.

* 骑马[qí//mǎ] 승마하다, 말을 타다

5 '是[shì]······的[de]'문

㉮ 동작이 이루어진 시간, 장소, 방법, 조건, 목적, 대상 등을 '是'와 '的'의 사이에 넣어서 강조하는 문형이다.

- 他是一九九八年出生的。Tā shì yī jiǔ jiǔ bā nián chūshēng de.
- 我是昨天来的。Wǒ shì zuótiān lái de.
- 这个本子是在这儿买的。Zhè ge běnzi shì zài zhèr mǎi de.

*出生[chūshēng] 태어나다, 출생하다

㉯ '是[shì]······的[de]'문의 부정은 '不是[bú shì]······的[de]'를 사용한다.

- 我不是昨天来的，是前天来的。Wǒ bú shì zuótiān lái de, shì qiántiān lái de.

* 前天[qiántiān] 그저께

⓫ Tā zuò fēijī lái Hánguó. 他坐飞机来韩国。

본문 课文 kèwén

1 리리의 오빠가 한국에 온다는 말을 듣고 경민이 일정을 묻는다.

金景民　你哥哥什么时候来韩国?
Jīn Jǐngmíng　Nǐ gēge shénme shíhou lái Hánguó?

王莉莉　下个月。
Wáng Lìli　Xià ge yuè.

金景民　他怎么来韩国?
Jīn Jǐngmíng　Tā zěnme lái Hánguó?

王莉莉　坐飞机来。
Wáng Lìli　Zuò fēijī lái.

金景民　他会说韩语吗?
Jīn Jǐngmíng　Tā huì shuō Hányǔ ma?

王莉莉　会说。
Wáng Lìli　Huì shuō.

Tip
坐 [zuò] + 교통 수단
坐火车 zuò huǒchē 기차를 타다
坐地铁 zuò dìtiě 지하철을 타다
骑 [qí] + 다리를 벌려서 타는 교통수단
骑马 qí mǎ 말을 타다
骑自行车 qí zìxíngchē 자전거를 타다

새로 나온 단어

什么时候	shénme shíhou	언제
下个月	xià ge yuè	다음 달
怎么	zěnme	어떻게
坐	zuò	앉다; (교통 수단을) 타다
飞机	fēijī	비행기
会	huì	(배워서) …… 할 수 있다, …… 할 줄 안다
说	shuō	말하다, 이야기하다
韩语	Hányǔ	한국어

2 다음 달이 되자 경민은 리리의 오빠가 방한했는지 궁금해졌다.

金景民　　你哥哥来韩国了吗?
Jīn Jǐngmíng　Nǐ gēge lái Hánguó le ma?

王莉莉　　他已经来了。
Wáng Lìli　Tā yǐjing lái le.

> **Tip**
> 부사 '已经(yǐjing)'은 항상 '了(le)'와 함께 쓰인다.

金景民　　是什么时候来的?
Jīn Jǐngmíng　Shì shénme shíhou lái de?

王莉莉　　昨天。
Wáng Lìli　Zuótiān.

金景民　　是和谁一起来的?
Jīn Jǐngmíng　Shì hé shéi yìqǐ lái de?

王莉莉　　和爸爸。
Wáng Lìli　Hé bàba.

새로 나온 단어

已经　yǐjing　　벌써, 이미　　　是……的　shì……de　　'是……的' 강조 구문

⑪ Tā zuò fēijī lái Hánguó. 他坐飞机来韩国。

문형연습 句型练习 jùxíng liànxí   기본문형 익히기

他每天坐地铁来学校。
Tā měitiān zuò dìtiě lái xuéxiào.

火车 huǒchē
出租汽车 chūzū qìchē
公共汽车 gōnggòng qìchē

他去学校了吗?
Tā qù xuéxiào le ma?

中国 Zhōngguó
超市 chāoshì
图书馆 túshūguǎn

단어 地铁 dìtiě 지하철 | 火车 huǒchē 기차, 열차 | 出租汽车 chūzū qìchē 택시 | 公共汽车 gōnggòng qìchē 버스 | 图书馆 túshūguǎn 도서관

他是什么时候去学校的？
Tā shì shénme shíhou qù xuéxiào de?

바꿔 봅시다!

中国 Zhōngguó
超市 chāoshì
图书馆 túshūguǎn

他是九点去学校的。
Tā shì jiǔ diǎn qù xuéxiào de.

바꿔 봅시다!

上午十点 shàngwǔ shí diǎn
下午两点 xiàwǔ liǎng diǎn
早上 zǎoshang

단어 上午 shàngwǔ 오전 | 下午 xiàwǔ 오후 | 早上 zǎoshang 아침

⑪ Tā zuò fēijī lái Hánguó. 他坐飞机来韩国。

연습문제 练习 liànxí

听 tīng 듣기

1. 녹음을 듣고 맞는 것을 찾으시오.

(1)
①  ②  ③

(2)
①  ②  ③

(3)
①  ②  ③

(4)
①  ②  ③

(5)
①  ②  ③

2. 녹음 내용에 근거하여 정답을 찾으시오.

(1)
    A: 地铁　　　　**B:** 飞机　　　　**C:** 火车

(2)
    A: 下午　　　　**B:** 昨天下午　　**C:** 昨天上午

(3)
    A: 咖啡　　　　**B:** 茶　　　　　**C:** 米饭

> 단어
> 地铁 dìtiě 지하철　　火车 huǒchē 기차, 열차
> 上午 shàngwǔ 오전　　下午 xiàwǔ 오후　　米饭 mǐfàn 쌀밥

阅读 yuèdú 읽기

1. 서로 관련 있는 것끼리 짝을 지으시오.

A 坐地铁。 Zuò dìtiě.　　　　　　　　　① 你是什么时候去的? Nǐ shì shénme shíhou qù de?

B 昨天上午去的。 Zuótiān shàngwǔ qù de.　② 你坐什么去学校? Nǐ zuò shénme qù xuéxiào?

C 汉语。 Hànyǔ.　　　　　　　　　　　③ 你是和谁一起来的? Nǐ shì hé shéi yìqǐ lái de?

D 不去。 Bú qù.　　　　　　　　　　　④ 你会说什么语? Nǐ huì shuō shénme yǔ?

E 和我妹妹一起来的。 Hé wǒ mèimei yìqǐ lái de.　⑤ 你今天去学校吗? Nǐ jīntiān qù xuéxiào ma?

2. 보기에서 적당한 단어를 골라 빈칸을 채우시오.

| 보기 | 会 huì　什么时候 shénme shíhou　说 shuō　是 shì　已经 yǐjing |

(1) 你(　　　)说汉语吗?　　Nǐ (　　　) shuō Hànyǔ ma?

(2) 你今天(　　　)回家?　　Nǐ jīntiān (　　　) huí jiā?

(3) 他(　　　)来了。　　　　Tā (　　　) lái le.

(4) 他(　　　)和朋友一起来的。　Tā (　　　) hé péngyou yìqǐ lái de.

(5) 他(　　　)汉语很难。　　Tā (　　　) Hànyǔ hěn nán.

> 단어
> 回家 huí//jiā 집으로 돌아가다

⑪ Tā zuò fēijī lái Hánguó. 他坐飞机来韩国.

说 shuō 말하기

다음 대화를 완성하시오.

(1) A : _____

B : 我是坐火车来的。Wǒ shì zuò huǒchē lái de.

(2) A : _____

B : 他是星期五晚上来的。Tā shì xīngqīwǔ wǎnshang lái de.

(3) A : _____

B : 我也会说英语。Wǒ yě huì shuō Yīngyǔ.

(4) A : _____

B : 我哥哥没来韩国。Wǒ gēge méi lái Hánguó.

단어
火车 huǒchē 기차, 열차
晚上 wǎnshang 저녁
英语 Yīngyǔ 영어

写 xiě 쓰기

다음을 중국어로 작문하시오.

(1) 그는 언제 중국에 갑니까?

_____

(2) 그는 언제 중국에 갔습니까? (是……的를 사용하시오.)

_____

(3) 그는 무엇을 타고 중국에 갑니까?

_____

(4) 그는 무엇을 타고 중국에 갔습니까? (是……的를 사용하시오.)

_____

(5) 그는 누구와 중국에 갑니까?

_____

(6) 그는 누구와 중국에 갔습니까? (是……的를 사용하시오.)

_____

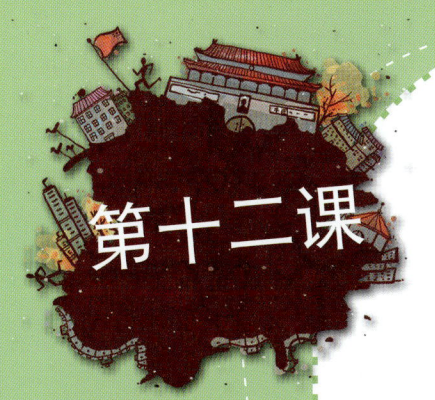

第十二课

你在做什么呢?
Nǐ zài zuò shénme ne?

학습목표

진행형을 나타내는 '在[zài]……呢[ne]'의 용법
你在做什么呢? Nǐ zài zuò shénme ne?

연동문(2)
我们先去吃饭, 怎么样?
Wǒmen xiān qù chī fàn, zěnmeyàng?

평서문+'怎么样[zěnmeyàng]'의 용법
我们先去吃饭, 怎么样?
Wǒmen xiān qù chī fàn, zěnmeyàng?

동사와 명사를 겸하는 단어 工作[gōngzuò]

단어 生词 shēngcí

□□01	在	zài	부	……하고 있다(진행을 표시)
□□02	呢	ne	조	……하고 있다(진행을 표시)
□□03	做	zuò	동	하다
□□04	作业	zuòyè	명	숙제
□□05	先	xiān	부	우선, 먼저
□□06	怎么样	zěnmeyàng	대	어떠하다
□□07	啊	a	조	감탄을 표시하는 어기조사
□□08	工作	gōngzuò	명	일; 동 일하다
□□09	医院	yīyuàn	명	병원
□□10	医生	yīshēng	명	의사
□□11	老师	lǎoshī	명	선생님
□□12	毕业	bì//yè	동	졸업하다
□□13	以后	yǐhòu	명	이후에, 다음에
□□14	当	dāng	동	(직무, 직위 따위를) 담당하다
□□15	记者	jìzhě	명	기자

怎么写? zěnme xiě?

| 획순 | 做 做 做 做 做 做 做 做 做 做 做 | 총 11획 |

做 做 做 做
zuò

| 획순 | 业 业 业 业 业 | 총 5획 |

业 业 业 业
yè

| 획순 | 师 师 师 师 师 师 | 총 6획 |

师 师 师 师
shī

| 획순 | 毕 毕 毕 毕 毕 毕 | 총 6획 |

毕 毕 毕 毕
bì

| 획순 | 记 记 记 记 记 | 총 5획 |

记 记 记 记
jì

| 획순 | 者 者 者 者 者 者 者 者 | 총 8획 |

者 者 者 者
zhě

⑫ Nǐ zài zuò shénme ne? 你在做什么呢?

문법 语法 yǔfǎ

1 진행형을 나타내는 '在[zài]……呢[ne]'의 용법

가 '……하고 있다'는 뜻으로, 동작의 진행을 나타낸다.

> **어순**   주어 + 在[zài] + 동사 (+ 목적어) + 呢[ne]

他 　 在 　 打 　 篮球 　 呢。
Tā 　 zài 　 dǎ 　 lánqiú 　 ne.

- 妈妈在做菜呢。 Māma zài zuò cài ne.
- 她在打电话呢。 Tā zài dǎ diànhuà ne.

* 打篮球 [dǎ lánqiú] 농구를 하다 　 打电话 [dǎ diànhuà] 전화를 걸다

나 '在[zài]'와 '呢[ne]'는 함께 사용할 수도 있지만, 하나를 생략하여도 진행의 의미를 나타낼 수 있다.

'呢[ne]'의 생략: 妈妈在做菜。 Māma zài zuò cài.

　　　　　　　她在打电话。 Tā zài dǎ diànhuà.

'在[zài]'의 생략: 妈妈做菜呢。 Māma zuò cài ne.

　　　　　　　她打电话呢。 Tā dǎ diànhuà ne.

2 연동문(2) (连动句 liándòngjù): 동사₂가 동사₁의 목적을 나타내는 경우

- 妈妈去买菜。 Māma qù mǎi cài.
- 我们去买水果吧。 Wǒmen qù mǎi shuǐguǒ ba.
- 我们一起去打篮球吧。 Wǒmen yìqǐ qù dǎ lánqiú ba.

* 买菜[mǎi//cài] 시장을 보다 　 水果[shuǐguǒ] 과일

3 '怎么样[zěnmeyàng]'의 용법

'……하는 건 어떻습니까?'의 뜻으로, 먼저 제안 내용을 말하고, 뒤에 '怎么样[zěnmeyàng]'을 덧붙여 상대방의 견해를 묻는다.

> **어순** 평서문 + 怎么样[zěnmeyàng]

- 我们坐飞机去，怎么样? Wǒmen zuò fēijī qù, zěnmeyàng?
- 老师在这儿喝咖啡，怎么样? Lǎoshī zài zhèr hē kāfēi, zěnmeyàng?

4 동사와 명사를 겸하는 단어: 겸류사

동사와 명사를 겸하는 단어는 문장 속에서의 역할을 보고 품사를 판단한다.

㉮ 명사: 你爸爸做什么工作? Nǐ bàba zuò shénme gōngzuò?

㉯ 동사: 他在医院工作。 Tā zài yīyuàn gōngzuò.

본문 课文 kèwén

1 도서관에서 공부를 하고 있는 리리에게 경민이 살짝 다가간다.

金景民　你在做什么呢?
Jīn Jǐngmín　Nǐ zài zuò shénme ne?

王莉莉　做作业呢。
Wáng Lìli　Zuò zuòyè ne.

金景民　你吃饭了吗?
Jīn Jǐngmín　Nǐ chī fàn le ma?

王莉莉　没吃。
Wáng Lìli　Méi chī.

金景民　我们先去吃饭，怎么样?
Jīn Jǐngmín　Wǒmen xiān qù chī fàn, zěnmeyàng?

王莉莉　好啊。
Wáng Lìli　Hǎo a.

Tip
어기조사 '啊(a)'는 문의 끝에 쓰여서 긍정의 느낌을 나타낸다.
是啊! 我知道啊!
Shì a! Wǒ zhīdao a!

새로 나온 단어

在	zài	……하고 있다(진행을 표시)
呢	ne	……하고 있다(진행을 표시)
做	zuò	하다
作业	zuòyè	숙제
先	xiān	우선, 먼저
怎么样	zěnmeyàng	어떠하다
啊	a	감탄을 표시하는 어기조사

154

2 점심을 같이 먹으며 리리가 경민이의 부모님에 대해서 물어본다.

王莉莉　你爸爸做什么工作?
Wáng Lìli　Nǐ bàba zuò shénme gōngzuò?

金景民　他在医院工作，是医生。
Jīn Jǐngmín　Tā zài yīyuàn gōngzuò, shì yīshēng.

王莉莉　你妈妈也是医生吗?
Wáng Lìli　Nǐ māma yě shì yīshēng ma?

金景民　不，她是老师。
Jīn Jǐngmín　Bù, tā shì lǎoshī.

王莉莉　毕业以后，你想做什么工作?
Wáng Lìli　Bì yè yǐhòu, nǐ xiǎng zuò shénme gōngzuò?

金景民　我想当记者。
Jīn Jǐngmín　Wǒ xiǎng dāng jìzhě.

새로 나온 단어

工作	gōngzuò	일; 일하다
医院	yīyuàn	병원
医生	yīshēng	의사
老师	lǎoshī	선생님
毕业	bì//yè	졸업하다
以后	yǐhòu	이후에, 다음에
当	dāng	(직무, 직위 따위를) 담당하다
记者	jìzhě	기자

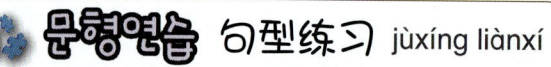 句型练习 jùxíng liànxí 기본문형 익히기

我在做作业呢。
Wǒ zài zuò zuòyè ne.

바꿔 봅시다!

李先生 Lǐ xiānsheng
朴先生 Piáo xiānsheng
崔小姐 Cuī xiǎojiě

바꿔 봅시다!

工作 gōngzuò
打电话 dǎ diànhuà
看电影 kàn diànyǐng

我们先去吃饭，怎么样？
Wǒmen xiān qù chī fàn, zěnmeyàng?

바꿔 봅시다!

看电影 kàn diànyǐng
学习 xuéxí
买衣服 mǎi yīfu

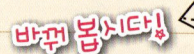
李 Lǐ 이(성씨) | 朴 Piáo 박(성씨) | 打 dǎ (전화 따위를) 걸다 | 崔 Cuī 최(성씨) | 小姐 xiǎojiě 아가씨(젊은 여자에 대한 호칭) | 电影 diànyǐng 영화 | 衣服 yīfu 옷

毕业以后，你想做什么？
Bì yè yǐhòu, nǐ xiǎng zuò shénme?

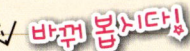

吃饭 chī//fàn
回家 huí//jiā
下课 xià//kè

我想当记者。
Wǒ xiǎng dāng jìzhě.

老师 lǎoshī
医生 yīshēng
导游 dǎoyóu

단어 回家 huí//jiā 집으로 돌아가다 | 下课 xià//kè 수업이 끝나다 | 导游 dǎoyóu 가이드

⑫ Nǐ zài zuò shénme ne? 你在做什么呢?

연습문제 练习 liànxí

听 tīng 듣기

1. 녹음을 듣고 맞는 것을 찾으시오.

(1)
①  ②  ③

(2)
①  ②  ③

(3)
①  ②  ③

(4)
①  ②  ③

(5)
①  ②  ③

단어
打 dǎ (전화 따위를) 걸다

2. 녹음 내용에 근거하여 정답을 찾으시오.

(1)
A: 茶　　　　　B: 作业　　　　C: 饭

(2)
A: 买手机　　　B: 做作业　　　C: 打电话

(3)
A: 去饭馆儿　　B: 做饭　　　　C: 吃饭

阅读 yuèdú 읽기

1. 서로 관련 있는 것끼리 짝을 지으시오.

A 吃饭呢。Chī fàn ne.　　　　　　① 我爸爸是老师。Wǒ bàba shì lǎoshī.

B 没吃。Méi chī.　　　　　　　　② 你在做什么呢? Nǐ zài zuò shénme ne?

C 好。Hǎo.　　　　　　　　　　③ 你吃饭了吗? Nǐ chī fàn le ma?

D 我妈妈也是老师。　　　　　　④ 他在哪儿工作? Tā zài nǎr gōngzuò?
　Wǒ māma yě shì lǎoshī.

E 他在医院工作。　　　　　　　⑤ 我们一起去吃饭, 怎么样?
　Tā zài yīyuàn gōngzuò.　　　　　Wǒmen yìqǐ qù chī fàn, zěnmeyàng?

2. 보기에서 적당한 단어를 골라 빈칸을 채우시오.

보기　　在 zài　　以后 yǐhòu　　当 dāng　　呢 ne

(1) 他姐姐做作业(　　)。　　　Tā jiějie zuò zuòyè (　　).

(2) 我(　　)吃饭呢。　　　　　Wǒ (　　) chī fàn ne.

(3) 他爸爸(　　)医院工作。　　Tā bàba (　　) yīyuàn gōngzuò.

(4) 我想(　　)记者。　　　　　Wǒ xiǎng (　　) jìzhě.

(5) 毕业(　　), 你想做什么？　Bì yè (　　), nǐ xiǎng zuò shénme?

단어
姐姐 jiějie 누나, 언니

说 shuō　말하기

다음 대화를 완성하시오.

(1) **A** : _____

　　B : 我在看电视呢。Wǒ zài kàn diànshì ne.

(2) **A** : _____

　　B : 我只吃了一个面包。Wǒ zhǐ chī le yí ge miànbāo.

(3) **A** : _____

　　B : 毕业以后，我想在公司工作。Bì yè yǐhòu, wǒ xiǎng zài gōngsī gōngzuò.

(4) **A** : _____

　　B : 她不是医生，是护士。Tā bú shì yīshēng, shì hùshi.

> 단어
> 电视 diànshì 텔레비전　　公司 gōngsī 회사　　护士 hùshi 간호사

写 xiě　쓰기

다음을 중국어로 작문하시오.

(1) 당신은 무엇을 하고 있습니까?　　_____

(2) 저는 밥을 먹지 않았습니다.　　_____

(3) 우리 먼저 커피 마십시다.　　_____

(4) 졸업 후에 당신은 무슨 일을 하고 싶습니까?　_____

(5) 그 사람은 병원에서 일합니다.　　_____

第十三课

你去过中国吗?
Nǐ qù guo Zhōngguó ma?

학습목표

경험을 나타내는 '过[guo]'의 용법
你去过中国吗? Nǐ qù guo Zhōngguó ma?

조동사 '打算[dǎsuan]'의 용법
这个暑假你打算做什么?
Zhè ge shǔjià nǐ dǎsuan zuò shénme?

조동사 '可以[kěyǐ]'의 용법
我去北京,可以找你吗? Wǒ qù Běijīng, kěyǐ zhǎo nǐ ma?

生词 shēngcí

□□ 01	过	guo	조	……한 적이 있다
□□ 02	暑假	shǔjià	명	여름 방학
□□ 03	打算	dǎsuan	조동	……할 생각이다, ……할 작정이다
□□ 04	爷爷	yéye	명	(친)할아버지
□□ 05	奶奶	nǎinai	명	(친)할머니
□□ 06	回	huí	동	돌아가다, 돌아오다
□□ 07	哪里	nǎli	대	어디, 어느 곳
□□ 08	可以	kěyǐ	조동	……해도 된다, ……할 수 있다
□□ 09	找	zhǎo	동	찾다
□□ 10	行	xíng	형	된다, 괜찮다
□□ 11	问题	wèntí	명	문제
□□ 12	最	zuì	부	가장
□□ 13	有名	yǒumíng	형	유명하다
□□ 14	烤鸭	kǎoyā	명	(베이징식) 오리구이 요리. 카오야
□□ 15	北京	Běijīng	고유명사	북경, 베이징

怎么写? zěnme xiě?

| 획순 | 过 过 过 过 过 过 | 총 6획 |

过 过 过 过
guò

| 획순 | 假 假 假 假 假 假 假 假 假 假 假 | 총 11획 |

假 假 假 假
jià

| 획순 | 以 以 以 以 | 총 4획 |

以 以 以 以
yǐ

| 획순 | 找 找 找 找 找 找 找 | 총 7획 |

找 找 找 找
zhǎo

| 획순 | 题 题 题 题 题 题 题 题 题 题 题 题 题 题 题 | 총 15획 |

题 题 题 题
tí

| 획순 | 鸭 鸭 鸭 鸭 鸭 鸭 鸭 鸭 鸭 鸭 | 총 10획 |

鸭 鸭 鸭 鸭
yā

⑬ Nǐ qù guo Zhōngguó ma? 你去过中国吗?

문법 语法 yǔfǎ

1 경험을 나타내는 '过[guo]'의 용법

동사의 뒤에서 '예전에 ……한 적이 있다'는 경험을 나타내며, 경성으로 읽어야 한다.

어순 주어 + 동사 + 过[guo] + 목적어

我 去 过 上海。
Wǒ qù guo Shànghǎi.

- 我吃过北京烤鸭。 Wǒ chī guo Běijīng kǎoyā.
- 他坐过飞机。 Tā zuò guo fēijī.

* 上海[Shànghǎi] 상해, 상하이

부정 주어 + 没[méi] + 동사 + 过[guo] + 목적어

我 没 去 过 上海。
Wǒ méi qù guo Shànghǎi.

- 我没吃过北京烤鸭。 Wǒ méi chī guo Běijīng kǎoyā.
- 他没坐过飞机。 Tā méi zuò guo fēijī.

2 조동사 '打算[dǎsuan]'의 용법

동사(구)를 동반하여 '……할 생각이다', '……할 작정이다'는 뜻을 나타낸다.

어순 주어 + 打算[dǎsuan] + 동사 (+ 목적어)

我 打算 去 中国。
Wǒ dǎsuan qù Zhōngguó.

- 他打算当老师。 Tā dǎsuan dāng lǎoshī.
- 你打算做什么? Nǐ dǎsuan zuò shénme?

3 조동사 '可以[kěyǐ]'의 용법

㉮ 허용 혹은 허가의 의미에서 '……해도 된다'는 뜻을 나타낸다.

- 这儿可以吸烟吗?　Zhèr kěyǐ xī yān ma?

* 吸烟[xī/yān] 흡연하다, 담배를 피우다

㉯ 객관적 혹은 주관적으로 '……할 수 있다'는 뜻을 나타낸다.

- 今天我们可以到达首尔。Jīntiān wǒmen kěyǐ dàodá Shǒu'ěr.

* 到达[dàodá] 도착하다　　首尔[Shǒu'ěr] 서울

㉰ (가)와 (나) 모두 부정문에서는 '不能[bù néng]'을 사용한다.

- 这儿不能吸烟。Zhèr bù néng xī yān.
- 今天我们不能到达首尔。Jīntiān wǒmen bù néng dàodá Shǒu'ěr.

본문 课文 kèwén

1 리리가 경민의 여름 방학 계획을 묻는다.

王莉莉　你去过中国吗?
Wáng Lìli　Nǐ qù guo Zhōngguó ma?

金景民　没去过。
Jīn Jǐngmín　Méi qù guo.

王莉莉　这个暑假你打算做什么?
Wáng Lìli　Zhè ge shǔjià nǐ dǎsuan zuò shénme?

金景民　我打算去爷爷奶奶家。你呢?
Jīn Jǐngmín　Wǒ dǎsuan qù yéye nǎinai jiā. Nǐ ne?

王莉莉　我打算回中国。
Wáng Lìli　Wǒ dǎsuan huí Zhōngguó.

Tip
放假 [fàng//jià] (동) 방학을 하다, 휴가로 쉬다
放暑假 fàng shǔjià 여름 방학을 하다.
放寒假 fàng hánjià 겨울 방학을 하다.

새로 나온 단어

过	guo	……한 적이 있다
暑假	shǔjià	여름 방학
打算	dǎsuan	……할 생각이다, ……할 작정이다
爷爷	yéye	(친)할아버지
奶奶	nǎinai	(친)할머니
回	huí	돌아가다, 돌아오다

2 경민이 리리에게 베이징에 대하여 물어본다.

金景民　你是哪里人?
Jīn Jǐngmín　Nǐ shì nǎli rén?

王莉莉　我是北京人。
Wáng Lìli　Wǒ shì Běijīngrén.

金景民　我去北京，可以找你吗?
Jīn Jǐngmín　Wǒ qù Běijīng, kěyǐ zhǎo nǐ ma?

王莉莉　行，没问题。
Wáng Lìli　Xíng, méi wèntí.

金景民　北京什么菜最有名?
Jīn Jǐngmín　Běijīng shénme cài zuì yǒumíng?

王莉莉　北京烤鸭最有名。
Wáng Lìli　Běijīng kǎoyā zuì yǒumíng.

최상급을 나타내는 '最[zuì]'는 형용사나 동사의 앞에 쓰여서 성질, 상태, 시간, 수량 등에 있어서 최고의 정도에 달하였음을 나타낸다.

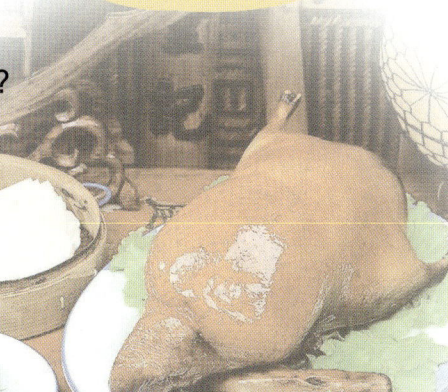

새로 나온 단어

哪里	nǎli	어디, 어느 곳
可以	kěyǐ	……해도 된다, ……할 수 있다
找	zhǎo	찾다
行	xíng	된다, 괜찮다
问题	wèntí	문제
最	zuì	가장
有名	yǒumíng	유명하다
烤鸭	kǎoyā	(베이징식) 오리구이 요리, 카오야

고유명사

| 北京 | Běijīng | 북경, 베이징 |

⑬ Nǐ qù guo Zhōngguó ma? 你去过中国吗?

我没去过中国。
Wǒ méi qù guo Zhōngguó.

바꿔 봅시다!

朴小姐 Piáo xiǎojiě	吃 chī	中国菜 Zhōngguócài
崔老师 Cuī lǎoshī	看 kàn	印度电影 Yìndù diànyǐng
我妈妈 wǒ māma	做 zuò	中国菜 Zhōngguócài

我去过中国。
Wǒ qù guo Zhōngguó.

바꿔 봅시다!

吃 chī	中国菜 Zhōngguócài
看 kàn	印度电影 Yìndù diànyǐng
做 zuò	中国菜 Zhōngguócài

단어
朴 Piáo 박(성씨) | 小姐 xiǎojiě 아가씨(젊은 여자에 대한 호칭) | 崔 Cuī 최(성씨) | 印度 Yìndù 인도 | 电影 diànyǐng 영화

我是北京人。
Wǒ shì Běijīngrén.

바꿔 봅시다!

郑先生 Zhèng xiānsheng
姜先生 Jiāng xiānsheng
赵先生 Zhào xiānsheng

바꿔 봅시다!

上海人 Shànghǎirén
首尔人 Shǒu'ěrrén
釜山人 Fǔshānrén

我打算去爷爷奶奶家。
Wǒ dǎsuan qù yéye nǎinai jiā.

바꿔 봅시다!

回中国 huí Zhōngguó
学习汉语 xuéxí Hànyǔ
去美国 qù Měiguó

단어
郑 Zhèng 정(성씨) | 上海 Shànghǎi 상해, 상하이 | 姜 Jiāng 강(성씨) | 首尔 Shǒu'ěr 서울 | 赵 Zhào 조(성씨) | 釜山 Fǔshān 부산 | 美国 Měiguó 미국

연습문제 练习 liànxí

听 tīng 듣기

1. 녹음을 듣고 맞는 것을 찾으시오.

(1)
 ①  ②  ③

(2)
 ①  ②  ③

(3)
 ①  ②  ③

(4)
 ①  ②  ③

(5)
 ①  ②  ③

2. 녹음 내용에 근거하여 정답을 찾으시오.

(1)
   A: 猪肉   B: 烤鸭   C: 面包

(2)
   A: 学校   B: 朋友家   C: 医院

(3)
   A: 本子   B: 饭馆儿   C: 工作

阅读 yuèdú 읽기

1. 서로 관련 있는 것끼리 짝을 지으시오.

A 没吃过。Méi chī guo. · · ① 你吃早饭了吗？Nǐ chī zǎofàn le ma?
B 没吃。Méi chī. · · ② 我妈妈。Wǒ māma.
C 你找什么？Nǐ zhǎo shénme? · · ③ 烤鸭。Kǎoyā.
D 你最喜欢谁？Nǐ zuì xǐhuan shéi? · · ④ 他吃过长寿面吗？Tā chī guo chángshòumiàn ma?
E 什么菜最有名？Shénme cài zuì yǒumíng? · · ⑤ 面包。Miànbāo.

长寿面 chángshòumiàn 장수면, 중국인이 생일날 먹는 국수   早饭 zǎofàn 아침밥, 아침 식사

2. 보기에서 적당한 단어를 골라 빈칸을 채우시오.

보기   哪儿 nǎr   过 guo   什么 shénme   个 ge   会 huì

(1) 你哥哥来(　　)韩国吗？   Nǐ gēge lái (　　) Hánguó ma?
(2) 你哥哥(　　)说汉语吗？   Nǐ gege (　　) shuō Hànyǔ ma?
(3) 这(　　)暑假你做什么？   Zhè (　　) shǔjià nǐ zuò shénme?
(4) 这家饭馆儿(　　)菜最有名？   Zhè jiā fànguǎnr (　　) cài zuì yǒumíng?
(5) 你现在去(　　)？   Nǐ xiànzài qù (　　)?

说 shuō 말하기

다음 대화를 완성하시오.

(1) A : _____

　　 B : 我没看过中国电影。Wǒ méi kàn guo Zhōngguó diànyǐng.

(2) A : _____

　　 B : 我没吃饭。Wǒ méi chī fàn.

(3) A : _____

　　 B : 这个暑假，我不打算去中国。Zhè ge shǔjià, wǒ bù dǎsuan qù Zhōngguó.

(4) A : _____

　　 B : 我是上海人。Wǒ shì Shànghǎirén.

> 단어
> 上海 Shànghǎi 상해, 상하이

写 xiě 쓰기

다음을 중국어로 작문하시오.

(1) 당신은 중국 요리를 먹어본 적이 있습니까?　_____

(2) 북경 오리구이는 한국에서 유명합니까?　_____

(3) 이번 여름 방학에 저는 중국으로 돌아갑니다.　_____

(4) 저는 중국에 갈 예정입니다.　_____

(5) 당신은 어느 지역 사람입니까?　_____

第十四课

후반부 총복습

· 본문복습
· 문법 사항 복습

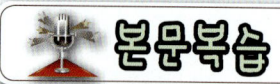

金景民今年二十六岁，属狗。
Jīn Jǐngmín jīnnián èrshíliù suì, shǔ gǒu.

金景民的生日那一天，他们去学校附近的饭馆儿吃了猪排骨。
Jīn Jǐngmín de shēngrì nà yì tiān, tāmen qù xuéxiào fùjìn de fànguǎnr chī le zhūpáigǔ.

那家饭馆儿的猪排骨很好吃。
Nà jiā fànguǎnr de zhūpáigǔ hěn hǎochī.

这个暑假金景民打算去爷爷奶奶家，王莉莉打算回中国。
Zhè ge shǔjià Jīn Jǐngmín dǎsuan qù yéye nǎinai jiā, Wáng Lìli dǎsuan huí Zhōngguó.

王莉莉是北京人，她说北京烤鸭很有名。
Wáng Lìli shì Běijīngrén, tā shuō Běijīng kǎoyā hěn yǒumíng.

174

문법 사항 복습

A. '在[zài]'의 용법

가. 동사 '在[zài]'의 용법: ……이/가 ……에 있다
　　사람/물건 + 在[zài] + 장소

❶ 그는 지금 집에 있습니다. ⇨
❷ 그는 지금 학교에 있습니다. ⇨
❸ 그는 지금 슈퍼에 있습니다. ⇨

나. 개사 '在[zài]'의 용법(1)
　　주어 + 在[zài] + 장소 + 동사(형용사)

❶ 그는 집에서 공부합니다. ⇨
❷ 그는 학교에서 중국어를 공부합니다. ⇨
❸ 그는 슈퍼에서 물건을 삽니다. ⇨

다. 진행형을 나타내는 '在[zài]……呢[ne]'의 용법
　　주어 + 在[zài] + 동사 (+ 목적어) + 呢[ne]

❶ 그는 전화를 걸고 있습니다. ⇨
❷ 그는 영화를 보고 있습니다. (电影 diànyǐng: 영화) ⇨
❸ 그는 숙제를 하고 있습니다. ⇨

B. '想[xiǎng]'의 용법

가. 동사 '想[xiǎng]'의 용법: ……(을/를) 생각하다, ……(을/를) 그리워하다
　　주어 + 想[xiǎng] + (대)명사

❶ 저는 그녀를 그리워 합니다. ⇨

❷ 저는 엄마를 생각합니다. ⇨

나. 조동사 '想[xiǎng]'의 용법: ……하고 싶어 하다
주어 + 想[xiǎng] + 동사 (+목적어)

❶ 저는 커피를 마시고 싶습니다. ⇨

❷ 저는 중국 영화를 보고 싶습니다. (电影 diànyǐng: 영화) ⇨

❸ 저는 일요일 날 여자 친구와 영화를 보고 싶습니다. ⇨

❹ 저는 일요일 날 집에서 쉬고 싶습니다. (休息 xiūxi: 쉬다, 휴식하다) ⇨

❺ 저는 커피를 마시고 싶지 않습니다. ⇨

C. 조동사 '可以[kěyǐ]'의 용법

가. 허용 혹은 허가의 의미에서 '……해도 된다'
나. 부정문: '不能[bù néng]'을 사용한다.

❶ 당신은 커피를 마셔도 됩니다. ⇨

❷ 당신은 집에서 쉬어도 됩니다. ⇨

D. 조동사 '会[huì]'의 용법(1)

가. 학습이나 연습, 훈련 등을 통하여 후천적으로 '……할 수 있다', '……할 줄 안다'
주어 + 会[huì] + 동사(+목적어)

나. 부정문: 주어 + 不[bú] + 会[huì] + 동사(+목적어)

❶ 그는 중국어를 말할 줄 압니다. ⇨

❷ 그는 중국 요리를 할 줄 압니다. ⇨

❸ 그는 술을 마실 줄 압니다. (酒 jiǔ: 술) ⇨

❹ 그는 물건을 살 줄 압니다. ⇨
❺ 그는 중국어를 말할 줄 모릅니다. ⇨

E. 조동사 '打算[dǎsuan]'의 용법

주어+打算[dǎsuan] + 동사(+목적어) : ……할 작정이다, ……할 예정이다

❶ 저는 오후에 슈퍼에 갈 예정입니다. (下午 xiàwǔ: 오후) ⇨
❷ 저는 중국어를 공부할 예정입니다. ⇨
❸ 그는 병원에서 일을 할 예정입니다. ⇨

F. 각종 의문사 복습

가. 多少[duōshao]: 두 자리 수 이상의 묻는 의문사. 몇, 얼마

❶ 당신의 휴대 전화 번호는 몇 번입니까? ⇨
❷ 학교의 전화번호는 몇 번입니까? ⇨
❸ 당신의 여권 번호는 몇 번입니까? (护照 hùzhào: 여권) ⇨
❹ 당신 학교에는 학생이 얼마나 있습니까? ⇨
❺ 당신 과에는 학생이 얼마나 있습니까? (系 xì: 과) ⇨

나. 怎么[zěnme]: 수단이나 방법을 묻는 의문사. 어떻게

❶ 당신은 매일 어떻게 학교에 갑니까? ⇨
❷ 이 요리는 어떻게 먹습니까? ⇨
❸ 이 요리는 어떻게 만듭니까? (做 zuò: 만들다) ⇨

다. 什么时候[shénme shíhou]: 때를 묻는 의문사. 언제

❶ 당신은 언제 한국에 옵니까? ⇨

❷ 당신은 언제 도서관에 갑니까? (图书馆 túshūguǎn: 도서관)
⇨

❸ 당신은 언제 밥을 먹습니까? ⇨

> 라. 怎么样[zěnmeyàng]: ……하는 건 어떻습니까?
> 평서문에서 상대방에게 제안을 하고, '怎么样[zěnmeyàng]'에서 상대방의 견해를 구하는 형식의 의문문.
> 어순: 평서문+'怎么样[zěnmeyàng]'

❶ 우리 커피 마시는 건 어떻습니까? ⇨

❷ 우리 중국 요리 먹는 건 어떻습니까? ⇨

❸ 우리 빵 먹는 건 어떻습니까? ⇨

❹ 우리 돼지고기로 사는 건 어떻습니까? ⇨

G. 동태조사 '了₁[le]'의 용법

> 가. 주어 + 동사 + 了 + 목적어: 동사의 뒤에서 동작이나 행위가 이미 완료되었음을 나타낸다.
> 나. 부정문: 주어 + 没[méi] + 동사 + 목적어

❶ 그는 어제 커피를 두 잔 마셨습니다.(杯 bēi: 컵에 담긴 음료를 세는 양사. 잔, 컵)
⇨

❷ 저는 어제 빵을 두 개 먹었습니다. ⇨

❸ 저는 어제 저녁에 밥을 먹지 않았습니다. (晚上 wǎnshang: 저녁)
⇨

❹ 저는 어제 학교에 가지 않았습니다. ⇨

H. 경험을 나타내는 '过[guo]'의 용법

> 가. 주어+동사+过[guo]+목적어: ……한 적이 있다
> 나. 부정문: 주어+没[méi]+동사+过[guo]+목적어

❶ 저는 그의 집에 간 적이 있습니다. ⇨ ☐

❷ 저는 지하철을 타 본 적이 있습니다. (坐地铁 zuò dìtiě: 지하철을 타다)
  ⇨ ☐

❸ 저는 비행기를 타 본 적이 있습니다. ⇨ ☐

❹ 저는 중국에 가 본 적이 없습니다. ⇨ ☐

I. '是[shì]……的[de]'문

> 이미 실현된 동작의 시간, 장소, 방법, 조건, 목적, 대상 등을 강조할 때 사용한다.

❶ 당신은 언제 한국에 왔습니까? ⇨ ☐

❷ 당신은 어떻게 한국에 왔습니까? ⇨ ☐

❸ 당신은 누구와 함께 한국에 왔습니까? ⇨ ☐

❹ 당신은 몇 시에 점심밥을 먹었습니까? (午饭 wǔfàn: 점심밥, 점심 식사)
  ⇨ ☐

J. 这些[zhèxiē]: 이것들／那些[nàxiē]: 저것들／哪些[nǎxiē]: 어떤 것들, 어느 것들

❶ 이것들은 무엇입니까? ⇨ ☐

❷ 저것들은 빵입니다. ⇨ ☐

❸ 당신은 어제 어떤 것들을 샀습니까? ⇨ ☐

듣기원문 및 연습문제 정답

제1과

듣기 원문

1. p.28 참조
2. (1) 中国 Zhōngguó　(2) 忙 máng
    (3) 再见 zàijiàn

연습문제 정답

[듣기 听 tīng]

2. (1) ②　(2) ②　(3) ③

[읽기 阅读 yuèdú]

1. A - ③，B - ④，C - ①，D - ②
2. (1) 你(是)中国人吗?
    Nǐ (shì) Zhōngguórén ma?
   (2) 我(不)是中国人。
    Wǒ (bú) shì Zhōngguórén.
   (3) 我(很)忙。Wǒ (hěn) máng.

[말하기 说 shuō]

(1) A : 你好！Nǐ hǎo!
    B : 你好！Nǐ hǎo!
(2) A : 再见！Zàijiàn!
    B : 再见！Zàijiàn!
(3) A : 你是中国人吗? Nǐ shì Zhōngguórén ma?
    B : 我是中国人。Wǒ shì Zhōngguórén.

[쓰기 写 xiě]

(1) 你好！(Nǐ hǎo!)
(2) 我是韩国人。(Wǒ shì Hánguórén.)

제2과

듣기 원문

1. P.40 참조
2. (1) 高兴 gāoxìng　(2) 名字 míngzi
    (3) 认识 rènshi

연습문제 정답

[듣기 听 tīng]

2. (1) ③　(2) ①　(3) ①

[읽기 阅读 yuèdú]

1. A - ②，B - ③，C - ①
2. (1) 你叫(什么)名字?
    Nǐ jiào (shénme) míngzi?
   (2) 我(姓)王，(叫)王莉莉。
    Wǒ (xìng) Wáng, (jiào) Wáng Lìli.
   (3) 明天星期(几)? Míngtiān xīngqī (jǐ)?

[말하기 说 shuō]

(1) A : 你叫什么名字? Nǐ jiào shénme míngzi?
    B : 我叫金景民。Wǒ jiào Jīn Jǐngmín.
(2) A : 今天星期几? Jīntiān xīngqī jǐ?
    B : 今天星期天。Jīntiān xīngqītiān.
(3) A : 认识你，我很高兴。
    Rènshi nǐ, wǒ hěn gāoxìng.
    B : 认识你，我也很高兴。
    Rènshi nǐ, wǒ yě hěn gāoxìng.

[쓰기 写 xiě]

(1) 你叫什么名字? (Nǐ jiào shénme míngzi?)
(2) 明天不是星期天。(Míngtiān bú shì xīngqītiān.)
(3) 认识你，我很高兴。(Rènshi nǐ, wǒ hěn gāoxìng.)

제3과

듣기 원문

1. P.52 참조
2. (1) 妈妈 māma　(2) 家 jiā
    (3) 两个妹妹 liǎng ge mèimei

연습문제 정답

[듣기 听 tīng]

2. (1) ②　(2) ①　(3) ②

[읽기 阅读 yuèdú]

1. A - ③，B - ①，C - ②
2. (1) 我(没有)兄弟姐妹。
    Wǒ (méiyǒu) xiōngdì jiěmèi.
   (2) 这(个)人是你妹妹吗?
    Zhè (ge) rén shì nǐ mèimei ma?
   (3) 你家(有)几口人? Nǐ jiā (yǒu) jǐ kǒu rén?

[말하기 说 shuō]

(1) A: 你家有几口人? Nǐ jiā yǒu jǐ kǒu rén?
    B: 我家有四口人。Wǒ jiā yǒu sì kǒu rén.
(2) A: 你有兄弟姐妹吗? Nǐ yǒu xiōngdì jiěmèi ma?
    B: 我没有兄弟姐妹。Wǒ méiyǒu xiōngdì jiěmèi.
(3) A: 这个人是你哥哥吗?
       Zhè ge rén shì nǐ gēge ma?
    B: 对。这个人就是我哥哥。
       Duì. Zhè ge rén jiù shì wǒ gēge.

[쓰기 写 xiě]

(1) 你家有几口人? (Nǐ jiā yǒu jǐ kǒu rén?)
(2) 这个人就是我哥哥。(Zhè ge rén jiù shì wǒ gēge.)
(3) 我有两个妹妹。(Wǒ yǒu liǎng ge mèimei.)

제4과

듣기 원문

1. P.66 참조
2. (1) 咖啡 kāfēi (2) 难 nán (3) 好喝 hǎohē

연습문제 정답

[듣기 听 tīng]

2. (1) ③ (2) ① (3) ②

[읽기 阅读 yuèdú]

1. A - ③, B - ④, C - ②, D - ①
2. (1) 你喜欢(不)喜欢学习汉语?
       Nǐ xǐhuan (bu) xǐhuan xuéxí Hànyǔ?
   (2) 你学习(什么)? Nǐ xuéxí (shénme) ?
   (3) 你常来(这儿)吗?
       Nǐ cháng lái (zhèr) ma?

[말하기 说 shuō]

(1) A: 你学习什么? Nǐ xuéxí shénme?
    B: 我学习法语。Wǒ xuéxí Fǎyǔ.
(2) A: 英语难吗? Yīngyǔ nán ma? /
       英语难不难? Yīngyǔ nán bu nán?
    B: 英语不太难。Yīngyǔ bú tài nán.
(3) A: 你常来这儿吗? Nǐ cháng lái zhèr ma?
    B: 我不常来这儿。Wǒ bù cháng lái zhèr.

[쓰기 写 xiě]

(1) 你学习什么? (Nǐ xuéxí shénme?)
(2) 你喜欢喝咖啡吗? (Nǐ xǐhuan hē kāfēi ma?)
(3) 汉语难不难? (Hànyǔ nán bu nán?)

제5과

듣기 원문

1. P.79 참조
2. (1) 生日 shēngrì (2) 吃饭 chī fàn
   (3) 十岁 shí suì

연습문제 정답

[듣기 听 tīng]

2. (1) ① (2) ③ (3) ①

[읽기 阅读 yuèdú]

1. A - ③, B - ④, C - ①, D - ②
2. (1) 你的生日是(几)月(几)号?
       Nǐ de shēngrì shì (jǐ) yuè (jǐ) hào?
   (2) 你属(什么)。Nǐ shǔ (shénme)?
   (3) 你今年(多)大了? Nǐ jīnnián (duō) dà le?

[말하기 说 shuō]

(1) A: 今天几月几号,星期几?
       Jīntiān jǐ yuè jǐ hào, xīngqī jǐ?
    B: 今天六月一号,星期五。
       Jīntiān liù yuè yī hào, xīngqīwǔ.
(2) A: 你属狗吗? Nǐ shǔ gǒu ma?
    B: 我不属狗。Wǒ bù shǔ gǒu.
(3) A: 你今年多大了? Nǐ jīnnián duō dà le?
    B: 我今年二十岁了。Wǒ jīnnián èrshí suì le.

[쓰기 写 xiě]

(1) 今天不是星期二,是星期三。
    (Jīntiān bú shì xīngqī'èr, shì xīngqīsān.)
(2) 这个星期天就是我哥哥的生日。
    (Zhè ge xīngqītiān jiù shì wǒ gēge de shēngrì.)
(3) 星期天我们一起吃饭吧。
    (Xīngqītiān wǒmen yìqǐ chī fàn ba.)

제6과

듣기 원문
1. P.92 참조
2. (1) 她们两个人是朋友。
    Tāmen liǎng ge rén shì péngyou.
   (2) 我哥哥的女朋友不是韩国人。
    Wǒ gēge de nǚpéngyou bú shì Hánguórén.
   (3) 这位先生是我的同屋。
    Zhè wèi xiānsheng shì wǒ de tóngwū.

연습문제 정답
[듣기 听 tīng]
2. (1) ① (2) ② (3) ②

[읽기 阅读 yuèdú]
1. A - ④, B - ③, C - ②, D - ①
2. (1) 你是(哪)国人？Nǐ shì (nǎ)guórén?
   (2) 你的汉语(太)好(了)。
    Nǐ de Hànyǔ (tài) hǎo (le).
   (3) 你去(哪儿)？Nǐ qù (nǎr)?

[말하기 说 shuō]
(1) A : 你去哪儿？Nǐ qù nǎr?
    B : 我去教室。Wǒ qù jiàoshì.
(2) A : 你是哪国人？Nǐ shì nǎguórén?
    B : 我是法国人。Wǒ shì Fǎguórén.
(3) A : 你家太漂亮了。Nǐ jiā tài piàoliang le.
    B : 哪里哪里。Nǎli nǎli.

[쓰기 写 xiě]
(1) 你是哪国人？(Nǐ shì nǎguórén?)
(2) 你去哪儿？(Nǐ qù nǎr?)
(3) 我们只是朋友。(Wǒmen zhǐ shì péngyou.)

제7과

A. 1. 我是韩国人。Wǒ shì Hánguórén.
   2. 我是学生。Wǒ shì xuésheng.
   3. 今天不是星期一。Jīntiān bú shì xīngqīyī.
   4. 今天不是一月一号。
    Jīntiān bú shì yī yuè yī hào.
   5. 她是我的同屋。Tā shì wǒ de tóngwū.

B. 1. 我有一个中国朋友。
    Wǒ yǒu yí ge Zhōngguó péngyou.
   2. 我有两个弟弟。Wǒ yǒu liǎng ge dìdi.
   3. 我家有五口人。Wǒ jiā yǒu wǔ kǒu rén.
   4. 我哥哥没有女朋友。
    Wǒ gēge méiyǒu nǚpéngyou.
   5. 我星期一没有课。Wǒ xīngqīyī méiyǒu kè.

C. 1. 我去学校。Wǒ qù xuéxiào.
   2. 我去中国。Wǒ qù Zhōngguó.

D. 1. 他明天来学校。Tā míngtiān lái xuéxiào.
   2. 他明天不来学校。Tā míngtiān bù lái xuéxiào.

E. 가. 1. 我喜欢中国人。Wǒ xǐhuan Zhōngguórén.
     2. 我喜欢星期五。Wǒ xǐhuan xīngqīwǔ.
     3. 我喜欢五月。Wǒ xǐhuan wǔ yuè.
   나. 1. 我喜欢喝咖啡。Wǒ xǐhuan hē kāfēi.
     2. 我喜欢学习汉语。Wǒ xǐhuan xuéxí Hànyǔ.
     3. 我不喜欢学习汉语。
      Wǒ bù xǐhuan xuéxí Hànyǔ.

F. 가. 1. 这是什么？Zhè shì shénme?
     2. 你喝什么？Nǐ hē shénme?
     3. 你喜欢什么？Nǐ xǐhuan shénme?
     4. 你叫什么名字？Nǐ jiào shénme míngzi?
     5. 你学习什么？Nǐ xuéxí shénme?
   나. 1. 他是谁？Tā shì shéi?
     2. 这个人是谁？Zhè ge rén shì shéi?
     3. 那个人是谁？Nà ge rén shì shéi?
     4. 谁是金先生？Shéi shì Jīn xiānsheng?
     5. 谁是汉语老师？Shéi shì Hànyǔ lǎoshī?
   다. 1. 你是哪国人？Nǐ shì nǎguórén?
     2. 哪个人是你哥哥？Nǎ ge rén shì nǐ gēge?
     3. 哪位是你的男朋友？
      Nǎ wèi shì nǐ de nánpéngyou?
   라. 1. 你去哪儿？Nǐ qù nǎr?

듣기원문 및 연습문제 정답

마. 1. 今天星期几? Jīntiān xīngqī jǐ?
　 2. 现在几月? Xiànzài jǐ yuè?
　 3. 今天几月几号? Jīntiān jǐ yuè jǐ hào?
　 4. 你家有几口人? Nǐ jiā yǒu jǐ kǒu rén?

G. 가. 1. 今天星期天(日)吗?
　　　　Jīntiān xīngqītiān (rì) ma?
　　 2. 你是学生吗? Nǐ shì xuésheng ma?
　　 3. 你喜欢咖啡吗? Nǐ xǐhuan kāfēi ma?
　　 4. 这是咖啡吗? Zhè shì kāfēi ma?
　　 5. 现在四月吗? Xiànzài sì yuè ma?
　　 6. 你是中国人吗? Nǐ shì Zhōngguórén ma?
　　 7. 你学习汉语吗? Nǐ xuéxí Hànyǔ ma?
　　 8. 你忙吗? Nǐ máng ma?

　 나. 1. 今天是不是星期一?
　　　　Jīntiān shì bu shì xīngqīyī?
　　 2. 现在是不是一月?
　　　　Xiànzài shì bu shì yī yuè?
　　 3. 你忙不忙? Nǐ máng bu máng?
　　 4. 你喜欢不喜欢咖啡?
　　　　Nǐ xǐhuan bu xǐhuan kāfēi?
　　 5. 你去不去学校? Nǐ qù bu qù xuéxiào?

H. 1. 你属什么? Nǐ shǔ shénme?
　 2. 我属猪。Wǒ shǔ zhū.
　 3. 我不属(老)鼠。Wǒ bù shǔ (lǎo)shǔ.
　 4. 你叫什么名字? Nǐ jiào shénme míngzi?
　 5. 我叫○○○(자신의 이름을 넣는다)。
　　　Wǒ jiào ○○○.
　 6. 你姓什么? Nǐ xìng shénme? /
　　　您贵姓? Nín guì xìng?
　 7. 我姓金。Wǒ xìng Jīn .
　 8. 我不姓金。Wǒ bú xìng Jīn

제8과

듣기 원문

1. (1) 现在四点十分。Xiànzài sì diǎn shí fēn.

　(2) 今天是我姐姐的生日。
　　　Jīntiān shì wǒ jiějie de shēngrì.
　(3) 这个菜很好吃。Zhè ge cài hěn hǎochī.
　(4) 祝你生日快乐! Zhù nǐ shēngrì kuàilè!
　(5) 她喜欢吃中国菜。
　　　Tā xǐhuan chī Zhōngguócài.

2. (1) 他吃猪排骨。Tā chī zhūpáigǔ.
　　问: 他吃什么? Tā chī shénme?
　(2) 我妹妹两点有事儿。
　　　Wǒ mèimei liǎng diǎn yǒu shìr.
　　问: 谁两点有事儿?
　　　　Shéi liǎng diǎn yǒu shìr?
　(3) 今天我女朋友请客。
　　　Jīntiān wǒ nǚpéngyou qǐng kè.
　　问: 今天谁请客?
　　　　Jīntiān shéi qǐng kè?

연습문제 정답

[듣기 听 tīng]

1. (1) ②　(2) ③　(3) ②　(4) ①　(5) ③
2. (1) C: 猪排骨　(2) A: 我妹妹
　(3) C: 我女朋友

[읽기 阅读 yuèdú]

1. A - ②, B - ⑤, C - ①, D - ③, E - ④
2. (1) 你(多)大了? Nǐ (duō) dà le?
　(2) 你们要(什么)? Nǐmen yào (shénme)?
　(3) 这(家)饭馆儿的菜很好吃。
　　　Zhè (jiā) fànguǎnr de cài hěn hǎochī.
　(4) 我们想(吃)猪排骨。
　　　Wǒmen xiǎng (chī) zhūpáigǔ.
　(5) 今天你想(几)点吃晚饭?
　　　Jīntiān nǐ xiǎng (jǐ) diǎn chī wǎnfàn?

[말하기 说 shuō]

(1) A: 今天你几点吃午饭?
　　　Jīntiān nǐ jǐ diǎn chī wǔfàn?
　 B: 今天我十二点吃午饭。
　　　Jīntiān wǒ shí'èr diǎn chī wǔfàn.

(2) A: 你的生日是几月几号，星期几?
　　　 Nǐ de shēngrì shì jǐ yuè jǐ hào, xīngqī jǐ?
　　B: 我的生日是五月二十号，星期三。
　　　 Wǒ de shēngrì shì wǔ yuè èrshí hào,
　　　 xīngqīsān.
(3) A: 你喜欢小狗吗? Nǐ xǐhuan xiǎogǒu ma?
　　B: 对。我喜欢小狗。Duì. Wǒ xǐhuan xiǎogǒu.
(4) A: 这个菜好吃吗? Zhè ge cài hǎochī ma?
　　B: 是的。这个菜很好吃。
　　　 Shì de. Zhè ge cài hěn hǎochī.

[쓰기 写 xiě]
(1) 现在几点了? (Xiànzài jǐ diǎn le?)
(2) 现在两点零二分。(Xiànzài liǎng diǎn líng èr fēn.)
(3) 这家饭馆儿的菜很好吃。
　　 (Zhè jiā fànguǎnr de cài hěn hǎochī.)
(4) 今天我请客。(Jīntiān wǒ qǐng kè.)
(5) 祝你生日快乐! (Zhù nǐ shēngrì kuàilè!)

제9과

듣기 원문

1. (1) 我想看看那把雨伞。
　　　 Wǒ xiǎng kànkan nà bǎ yǔsǎn.
　　(2) 我在第二教学楼等你。
　　　 Wǒ zài dì èr jiàoxuélóu děng nǐ.
　　(3) 我姐姐的手机很漂亮。
　　　 Wǒ jiějie de shǒujī hěn piàoliang.
　　(4) 现在下雨。Xiànzài xià yǔ.
　　(5) 我家有两个电话。
　　　 Wǒ jiā yǒu liǎng ge diànhuà.

2. (1) 她没有雨伞。Tā méiyǒu yǔsǎn.
　　　 问: 她没有什么? Tā méiyǒu shénme?
　　(2) 我爸爸的手机号码是01271518701。
　　　 Wǒ bàba de shǒujī hàomǎ shì líng yāo èr qī
　　　 yāo wǔ yāo bā qī líng yāo.
　　　 问: 我爸爸的手机号码是多少?
　　　　　 Wǒ bàba de shǒujī hàomǎ shì duōshao?
　　(3) 哥哥的女朋友现在在家等她妈妈。
　　　 Gēge de nǚpéngyou xiànzài zài jiā děng tā
　　　 māma.
　　　 问: 哥哥的女朋友现在等谁?
　　　　　 Gēge de nǚpéngyou xiànzài děng shéi?

연습문제 정답
[듣기 听 tīng]
1. (1) ②　(2) ①　(3) ①　(4) ③　(5) ③
2. (1) C: 雨伞　(2) A: 01271518701
　　(3) C: 她妈妈

[읽기 阅读 yuèdú]
1. A - ⑤, B - ②, C - ④, D - ③, E - ①
2. (1) 你(在)那儿等我。Nǐ (zài) nàr děng wǒ.
　　(2) 你在(哪儿)? Nǐ zài (nǎr)?
　　(3) 你(有)事儿吗? Nǐ (yǒu) shìr ma?
　　(4) 我(想)看看那把雨伞。
　　　 Wǒ (xiǎng) kànkan nà bǎ yǔsǎn.
　　(5) 那(个)手机太漂亮了。
　　　 Nà (ge) shǒujī tài piàoliang le.

[말하기 说 shuō]
(1) A: 你现在有雨伞吗?
　　　 Nǐ xiànzài yǒu yǔsǎn ma?
　　B: 我现在没有雨伞。
　　　 Wǒ xiànzài méiyǒu yǔsǎn.
(2) A: 你的手机号码是多少?
　　　 Nǐ de shǒujī hàomǎ shì duōshao?
　　B: 我的手机号码是**********(자신의 휴대 전화 번호를 넣는다)。
　　　 Wǒ de shǒujī hàomǎ shì **********.
(3) A: 喂! 请问, 张先生在吗?
　　　 Wèi! Qǐngwèn, Zhāng xiānsheng zài ma?
　　B: 他不在。Tā bú zài.
(4) A: 你现在在学校吗?
　　　 Nǐ xiànzài zài xuéxiào ma?
　　B: 我现在不在学校。
　　　 Wǒ xiànzài bú zài xuéxiào.

[쓰기 写 xiě]
(1) 你家的电话号码是多少?
　　 (Nǐ jiā de diànhuà hàomǎ shì duōshao?)
(2) 我想看看你的手机。
　　 (Wǒ xiǎng kànkan nǐ de shǒujī.)

(3) 你现在在哪儿? (Nǐ xiànzài zài nǎr?)
(4) 我今天下午不在家。
(Wǒ jīntiān xiàwǔ bú zài jiā.)
(5) 你明天在这儿等我吧。
(Nǐ míngtiān zài zhèr děng wǒ ba.)

제10과

듣기 원문

1. (1) 这些是本子。Zhè xiē shì běnzi.
   (2) 我喜欢吃肉。Wǒ xǐhuan chī ròu.
   (3) 他在超市买面包。
       Tā zài chāoshì mǎi miànbāo.
   (4) 我买了两只小狗。
       Wǒ mǎi le liǎng zhī xiǎogǒu.
   (5) 他们在饭馆儿吃了很多菜。
       Tāmen zài fànguǎnr chī le hěn duō cài.
2. (1) 妈妈昨天没买猪肉。
       Māma zuótiān méi mǎi zhūròu.
       问: 妈妈没买什么?
       Māma méi mǎi shénme?
   (2) 我昨天没吃面包。
       Wǒ zuótiān méi chī miànbāo.
       问: 我昨天没吃什么?
       Wǒ zuótiān méi chī shénme?
   (3) 这些一共两千块钱。
       Zhè xiē yígòng liǎng qiān kuài qián.
       问: 一共多少钱?
       Yīgòng duōshao qián?

연습문제 정답

[듣기 听 tīng]
1. (1) ③ (2) ① (3) ② (4) ① (5) ③
2. (1) B: 猪肉 (2) A: 面包 (3) C: 两千块钱

[읽기 阅读 yuèdú]
1. A-①, B-④, C-②, D-③
2. (1) 请问，这儿附近(有)商店吗?
       Qǐngwèn, zhèr fùjìn (yǒu) shāngdiàn ma?
   (2) 商店(就)在那儿。Shāngdiàn (jiù) zài nàr.

(3) 一共(多少)钱? Yígòng (duōshao) qián?
(4) 你昨天吃(了)些什么?
    Nǐ zuótiān chī (le) xiē shénme?
(5) 这些(东西)都是我的。
    Zhè xiē (dōngxi) dōu shì wǒ de.

[말하기 说 shuō]
(1) A: 你们学校在哪儿? Nǐmen xuéxiào zài nǎr?
    B: 我们学校就在那儿。
       Wǒmen xuéxiào jiù zài nàr.
(2) A: 那个超市大吗? 东西多不多?
       Nà ge chāoshì dà ma? Dōngxi duō bu duō?
    B: 那个超市很大。东西也很多。
       Nà ge chāoshì hěn dà. Dōngxi yě hěn duō.
(3) A: 你今天早上吃了些什么?
       Nǐ jīntiān zǎoshang chī le xiē shénme?
    B: 我今天早上吃了一碗米饭和一个鸡蛋。
       Wǒ jīntiān zǎoshang chī le yì wǎn mǐfàn hé yí ge jīdàn.
(4) A: 这些一共多少钱?
       Zhè xiē yígòng duōshao qián?
    B: 这些一共两千块。
       Zhè xiē yígòng liǎng qiān kuài.

[쓰기 写 xiě]
(1) 你昨天买了些什么?
    (Nǐ zuótiān mǎi le xiē shénme?)
(2) 那些一共多少钱?
    (Nà xiē yígòng duōshao qián?)
(3) 学校附近没有超市。
    (Xuéxiào fùjìn méiyǒu chāoshì.
(4) 超市在哪儿? (Chāoshì zài nǎr?)
(5) 我今天早上没吃早饭。
    (Wǒ jīntiān zǎoshang méi chī zǎofàn.)

제11과

듣기 원문

1. (1) 我坐地铁去学校。Wǒ zuò dìtiě qù xuéxiào.
   (2) 我会说汉语。Wǒ huì shuō Hànyǔ.

(3) 我只有一个女朋友。
   Wǒ zhǐ yǒu yí ge nǚpéngyou.
(4) 我是和妹妹一起来的。
   Wǒ shì hé mèimei yìqǐ lái de.
(5) 我的中国朋友很喜欢吃韩国菜。
   Wǒ de Zhōngguó péngyou hěn xǐhuan chī Hánguócài.

2. (1) 他是坐火车来的。Tā shì zuò huǒchē lái de.
   问：他是坐什么来的？
      Tā shì zuò shénme lái de?
(2) 她哥哥是昨天下午来韩国的。
   Tā gēge shì zuótiān xiàwǔ lái Hánguó de.
   问：她哥哥是什么时候来韩国的？
      Tā gēge shì shénme shíhou lái Hánguó de?
(3) 我是早上喝的咖啡。
   Wǒ shì zǎoshang hē de kāfēi.
   问：我早上喝了什么？
      Wǒ zǎoshang hē le shénme?

연습문제 정답

[듣기 听 tīng]
1. (1) ① (2) ③ (3) ① (4) ③ (5) ②
2. (1) C：火车 (2) B：昨天下午
   (3) A：咖啡

[읽기 阅读 yuèdú]
1. A - ②, B - ①, C - ④, D - ⑤, E - ③
2. (1) 你(会)说汉语吗？
      Nǐ (huì) shuō Hànyǔ ma?
   (2) 你今天(什么时候)回家？
      Nǐ jīntiān (shénme shíhou) huí jiā?
   (3) 他(已经)来了。Tā (yǐjing) lái le.
   (4) 他(是)和朋友一起来的。
      Tā (shì) hé péngyou yìqǐ lái de.
   (5) 他(说)汉语很难。
      Tā (shuō) Hànyǔ hěn nán.

[말하기 说 shuō]
(1) A：你是怎么来的？Nǐ shì zěnme lái de?
   B：我是坐火车来的。
      Wǒ shì zuò huǒchē lái de.

(2) A：他是什么时候来的？
      Tā shì shénme shíhou lái de?
   B：他是星期五晚上来的。
      Tā shì xīngqīwǔ wǎnshang lái de.
(3) A：你也会说英语吗？
      Nǐ yě huì shuō Yīngyǔ ma?
   B：我也会说英语。Wǒ yě huì shuō Yīngyǔ.
(4) A：你哥哥来韩国了吗？
      Nǐ gēge lái Hánguó le ma?
   B：我哥哥没来韩国。Wǒ gēge méi lái Hánguó.

[쓰기 写 xiě]
(1) 他什么时候去中国？
   (Tā shénme shíhou qù Zhōngguó?)
(2) 他是什么时候去中国的？
   (Tā shì shénme shíhou qù Zhōngguó de?)
(3) 他坐什么去中国？
   (Tā zuò shénme qù Zhōngguó?)
(4) 他是坐什么去中国的？
   (Tā shì zuò shénme qù Zhōngguó de?)
(5) 他和谁一起去中国？
   (Tā hé shéi yìqǐ qù Zhōngguó?)
(6) 他是和谁一起去中国的？
   (Tā shì hé shéi yìqǐ qù Zhōngguó de?)

제12과

듣기 원문

1. (1) 我在喝茶呢。Wǒ zài hē chá ne.
   (2) 我朋友的爸爸是医生。
      Wǒ péngyou de bàba shì yīshēng.
   (3) 她男朋友已经毕业了。
      Tā nánpéngyou yǐjing bì yè le.
   (4) 她在打电话呢。Tā zài dǎ diànhuà ne.
   (5) 我今天没有作业。Wǒ jīntiān méiyǒu zuòyè.
2. (1) 我在做饭呢。Wǒ zài zuò fàn ne.
   问：我在做什么？
      Wǒ zài zuò shénme?
   (2) 我没打电话。Wǒ méi dǎ diànhuà.
   问：我没做什么？
      Wǒ méi zuò shénme?

듣기원문 및 연습문제 정답

(3) 我们先吃饭吧。Wǒmen xiān chī fàn ba.
问: 我们先做什么?
Wǒmen xiān zuò shénme?

연습문제 정답

[듣기 听 tīng]

1. (1) ① (2) ② (3) ① (4) ③ (5) ②
2. (1) C: 饭 (2) C: 打电话 (3) C: 吃饭

[읽기 阅读 yuèdú]

1. A - ②, B - ③, C - ⑤, D - ①, E - ④
2. (1) 他姐姐做作业(呢)。
Tā jiějie zuò zuòyè (ne).
(2) 我(在)吃饭呢。Wǒ (zài) chī fàn ne.
(3) 他爸爸(在)医院工作。
Tā bàba (zài) yīyuàn gōngzuò.
(4) 我想(当)记者。Wǒ xiǎng (dāng) jìzhě.
(5) 毕业(以后),你想做什么?
Bì yè (yǐhòu), nǐ xiǎng zuò shénme?

[말하기 说 shuō]

(1) A: 你在做什么呢? Nǐ zài zuò shénme ne?
B: 我在看电视呢。Wǒ zài kàn diànshì ne.
(2) A: 你吃了些什么? Nǐ chī le xiē shénme?
B: 我只吃了一个面包。
Wǒ zhǐ chī le yí ge miànbāo.
(3) A: 毕业以后,你想做什么?
Bì yè yǐhòu, nǐ xiǎng zuò shénme?
B: 毕业以后,我想在公司工作。
Bì yè yǐhòu, wǒ xiǎng zài gōngsī gōngzuò.
(4) A: 她是医生吗? Tā shì yīshēng ma?
B: 她不是医生,是护士。
Tā bú shì yīshēng, shì hùshi.

[쓰기 写 xiě]

(1) 你在做什么呢? (Nǐ zài zuò shénme ne?)
(2) 我没吃饭。(Wǒ méi chī fàn.)
(3) 我们先喝咖啡吧。(Wǒmen xiān hē kāfēi ba.)
(4) 毕业以后,你想做什么工作?
(Bì yè yǐhòu, nǐ xiǎng zuò shénme gōngzuò?)
(5) 那个人在医院工作。
(Nà ge rén zài yīyuàn gōngzuò.)

제13과

듣기 원문

1. (1) 我男朋友没去过美国。
Wǒ nánpéngyou méi qù guo Měiguó.
(2) 他打算去中国。Tā dǎsuan qù Zhōngguó.
(3) 这个暑假我想学习汉语。
Zhè ge shǔjià wǒ xiǎng xuéxí Hànyǔ.
(4) 我是北京人。Wǒ shì Běijīngrén.
(5) 北京烤鸭很好吃。Běijīng kǎoyā hěn hǎochī.
2. (1) 我没吃过烤鸭。Wǒ méi chī guo kǎoyā.
问: 我没吃过什么?
Wǒ méi chī guo shénme?
(2) 我打算明天去医院。
Wǒ dǎsuan míngtiān qù yīyuàn.
问: 我打算明天去哪儿?
Wǒ dǎsuan míngtiān qù nǎr?
(3) 他在找本子呢。Tā zài zhǎo běnzi ne.
问: 他找什么? Tā zhǎo shénme?

연습문제 정답

[듣기 听 tīng]

1. (1) ③ (2) ① (3) ① (4) ② (5) ③
2. (1) B: 烤鸭 (2) C: 医院 (3) A: 本子

[읽기 阅读 yuèdú]

1. A - ④, B - ①, C - ⑤, D - ②, E - ③
2. (1) 你哥哥来(过)韩国吗?
Nǐ gēge lái (guo) Hánguó ma?
(2) 你哥哥(会)说汉语吗?
Nǐ gēge (huì) shuō Hànyǔ ma?
(3) 这(个)暑假你做什么?
Zhè (ge) shǔjià nǐ zuò shénme?
(4) 这家饭馆儿(什么)菜最有名?
Zhè jiā fànguǎnr (shénme) cài zuì yǒumíng?
(5) 你现在去(哪儿)? Nǐ xiànzài qù (nǎr)?

[말하기 说 shuō]

(1) A: 你看过中国电影吗?
Nǐ kàn guo Zhōngguó diànyǐng ma?

187

    B: 我没看过中国电影。
       Wǒ méi kàn guo Zhōngguó diànyǐng.
(2) A: 你吃饭了吗? Nǐ chī fàn le ma?
    B: 我没吃饭。Wǒ méi chī fàn.
(3) A: 这个暑假，你打算去中国吗?
       Zhè ge shǔjià, nǐ dǎsuan qù Zhōngguó ma?
    B: 这个暑假，我不打算去中国。
       Zhè ge shǔjià, wǒ bù dǎsuan qù Zhōngguó.
(4) A: 你是哪里人? Nǐ shì nǎli rén?
    B: 我是上海人。Wǒ shì Shànghǎirén.

[쓰기 写 xiě]

(1) 你吃过中国菜吗?
    (Nǐ chī guo Zhōngguócài ma?)
(2) 北京烤鸭在韩国有名吗?
    (Běijīng kǎoyā zài Hánguó yǒumíng ma?)
(3) 这个暑假我回中国。
    (Zhè ge shǔjià wǒ huí Zhōngguó.)
(4) 我打算去中国。(Wǒ dǎsuan qù Zhōngguó.)
(5) 你是哪里人? (Nǐ shì nǎli rén?)

제14과

A. 가. 1. 他现在在家。Tā xiànzài zài jiā.
      2. 他现在在学校。Tā xiànzài zài xuéxiào.
      3. 他现在在超市。Tā xiànzài zài chāoshì.
   나. 1. 他在家学习。Tā zài jiā xuéxí.
      2. 他在学校学习汉语。
         Tā zài xuéxiào xuéxí Hànyǔ.
      3. 他在超市买东西。
         Tā zài chāoshì mǎi dōngxi.
   다. 1. 他在打电话呢。Tā zài dǎ diànhuà ne.
      2. 他在看电影呢。Tā zài kàn diànyǐng ne.
      3. 他在做作业呢。Tā zài zuò zuòyè ne.

B. 가. 1. 我想她。Wǒ xiǎng tā.
      2. 我想妈妈。Wǒ xiǎng māma.
   나. 1. 我想喝咖啡。Wǒ xiǎng hē kāfēi.
      2. 我想看中国电影。
         Wǒ xiǎng kàn Zhōngguó diànyǐng.

      3. 我星期天想和女朋友看电影。
         Wǒ xīngqītiān xiǎng hé nǚpéngyou kàn diànyǐng.
      4. 我星期天想在家休息。
         Wǒ xīngqītiān xiǎng zài jiā xiūxi.
      5. 我不想喝咖啡。Wǒ bù xiǎng hē kāfēi.

C. 1. 你可以喝咖啡。Nǐ kěyǐ hē kāfēi.
   2. 你可以在家休息。Nǐ kěyǐ zài jiā xiūxi.

D. 1. 他会说汉语。Tā huì shuō Hànyǔ.
   2. 他会做中国菜。Tā huì zuò Zhōngguócài.
   3. 他会喝酒。Tā huì hē jiǔ.
   4. 他会买东西。Tā huì mǎi dōngxi.
   5. 他不会说汉语。Tā bú huì shuō Hànyǔ.

E. 1. 我下午打算去超市。
      Wǒ xiàwǔ dǎsuan qù chāoshì.
   2. 我打算学习汉语。Wǒ dǎsuan xuéxí Hànyǔ.
   3. 他打算在医院工作。
      Tā dǎsuan zài yīyuàn gōngzuò.

F. 가. 1. 你的手机号码是多少?
         Nǐ de shǒujī hàomǎ shì duōshao?
      2. 学校的电话号码是多少?
         Xuéxiào de diànhuà hàomǎ shì duōshao?
      3. 你的护照号码是多少?
         Nǐ de hùzhào hàomǎ shì duōshao?
      4. 你们学校有多少学生?
         Nǐmen xuéxiào yǒu duōshao xuésheng?
      5. 你们系有多少学生?
         Nǐmen xì yǒu duōshao xuésheng ?
   나. 1. 你每天怎么去学校?
         Nǐ měitiān zěnme qù xuéxiào?
      2. 这个菜怎么吃? Zhè ge cài zěnme chī?
      3. 这个菜怎么做? Zhè ge cài zěnme zuò?
   다. 1. 你什么时候来韩国?
         Nǐ shénme shíhou lái Hánguó ?
      2. 你什么时候去图书馆?
         Nǐ shénme shíhou qù túshūguǎn?

듣기원문 및 연습문제 정답

3. 你什么时候吃饭?
   Nǐ shénme shíhou chī fàn?

라. 1. 我们喝咖啡，怎么样?
   Wǒmen hē kāfēi, zěnmeyàng?

2. 我们吃中国菜，怎么样?
   Wǒmen chī Zhōngguócài, zěnmeyàng?

3. 我们吃面包，怎么样?
   Wǒmen chī miànbāo, zěnmeyàng?

4. 我们买猪肉，怎么样?
   Wǒmen mǎi zhūròu, zěnmeyàng?

G. 1. 他昨天喝了两杯咖啡。
   Tā zuótiān hē le liǎng bēi kāfēi.

2. 我昨天吃了两个面包。
   Wǒ zuótiān chī le liǎng ge miànbāo.

3. 我昨天晚上没吃饭。
   Wǒ zuótiān wǎnshang méi chī fàn.

4. 我昨天没去学校。
   Wǒ zuótiān méi qù xuéxiào.

H. 1. 我去过他家。Wǒ qù guo tā jiā.

2. 我坐过地铁。Wǒ zuò guo dìtiě.

3. 我坐过飞机。Wǒ zuò guo fēijī.

4. 我没去过中国。Wǒ méi qù guo Zhōngguó.

I. 1. 你是什么时候来韩国的。
   Nǐ shì shénme shíhou lái Hánguó de.

2. 你是怎么来韩国的。
   Nǐ shì zěnme lái Ilánguó de.

3. 你是和谁一起来韩国的。
   Nǐ shì hé shéi yìqǐ lái Hánguó de.

4. 你是几点吃午饭的?
   Nǐ shì jǐ diǎn chī wǔfàn de? /
   你是几点吃的午饭?
   Nǐ shì jǐ diǎn chī de wǔfàn?

J. 1. 这些是什么? Zhè xiē shì shénme?

2. 那些是面包。Nà xiē shì miànbāo.

3. 你昨天买了些什么?
   Nǐ zuótiān mǎi le xiē shénme?

본문해석

제1과 안녕하세요.

(1) 수업이 끝난 후, 경민이 중국인 유학생 왕리리에게 말을 건다.
김경민: 안녕하세요.
왕리리: 안녕하세요.
김경민: 당신은 중국인이신가요?
왕리리: 저는 중국인입니다. 당신은요?
김경민: 저는 아닙니다. 저는 한국인입니다.

(2) 경민이 가만히 있으니까 이번에는 리리가 질문한다.
왕리리: 바쁘신가요?
김경민: 바쁘지 않습니다. 당신은요?
왕리리: 전 바빠요.
김경민: 다음에 봅시다.
왕리리: 다음에 봐요.

제2과 존함이 어떻게 되십니까?

(1) 그 다음 수업 시간에 다시 만난 경민과 리리가 서로의 이름을 묻고 답한다.
김경민: 존함이 어떻게 되십니까?
왕리리: 하하, 제 성은 왕씨이고, 왕리리라고 해요. 당신은 이름이 어떻게 되시죠?
김경민: 저는 김경민이라고 합니다. 당신을 만나 뵙게 되어 반갑습니다.
왕리리: 만나 뵙게 되어, 저 또한 반갑습니다.

(2) 자기소개를 마친 두 사람이 이런 저런 이야기 끝에 다음날 만날 약속을 하고 헤어진다.
김경민: 내일 바쁘신가요?
왕리리: 내일 무슨 요일이죠?
김경민: 화요일이요.
왕리리: 전 내일 바쁘지 않습니다.
김경민: 내일 만납시다.
왕리리: 내일 만나죠.

제3과 식구가 몇 명이십니까?

(1) 경민이 리리의 가족 관계를 물어본다.
김경민: 식구가 몇 명이시지요?
왕리리: 우리 집은 식구가 4명입니다. 아빠, 엄마, 오빠 그리고 저요.
김경민: 아버님은 형제가 있으신가요?
왕리리: 있으세요. 아버지는 여동생이 두 명 있으세요.
김경민: 어머님은요?
왕리리: 없으세요.

(2) 리리의 가족사진을 보면서 경민이 궁금한 점을 물어본다.
김경민: 이 사람이 오빠세요?
왕리리: 맞습니다. 그 사람이 바로 제 오빠예요.
김경민: 오빠는 여자 친구가 있나요?
왕리리: 모르겠는데요.

제4과 중국어는 어려워요 안 어려워요?

(1) 카페에서 경민이 리리에게 커피를 권했지만 리리가 완곡하게 사양한다.
김경민: 커피 드세요.
왕리리: 고마워요. 커피 마시는 거 좋아하세요?
김경민: 좋아해요.
왕리리: 죄송해요. 저는 커피 마시는 걸 그렇게 좋아하지는 않아요.
김경민: 여기 커피 맛있는데.
왕리리: 여기 자주 오세요?
김경민: 자주 와요.

(2) 두 사람은 커피를 사이에 두고 서로의 수강 과목에 대하여 대화를 나눈다.
김경민: 뭐 공부하세요?
왕리리: 저는 경제학을 공부해요. 당신은요?
김경민: 저는 중국어를 공부해요.
왕리리: 중국어는 어려워요 안 어려워요?
김경민: 중국어는 어려워요.
왕리리: 경제학도 어렵습니다.

제5과 당신은 생일이 몇 월 며칠입니까?

(1) 두 사람은 서로의 생일을 묻고 답한다.
김경민: 당신의 생일은 몇 월 며칠입니까?
왕리리: 9월 3일이요. 당신 생일은요?
김경민: 4월 17일이요.
왕리리: 이번 주 일요일이 바로 당신 생일이네요.
김경민: 맞습니다. 일요일 날 우리 함께 식사합시다.
왕리리: 좋아요.

(2) 생일이 언제인지를 듣고서 리리는 경민의 나이와 띠도 궁금해졌다.
왕리리: 올해 몇 살이세요?
김경민: 26살 되었습니다.
왕리리: 무슨 띠죠?
김경민: 개띠입니다.
왕리리: 그럼 고양이가 싫어하겠네요. 그렇지요?
김경민: 아니요. 좋아하는데요.

제6과 어디에 가십니까?

(1) 드디어 생일 당일인 일요일, 두 사람이 생일 파티를 위해 레스토랑으로 가던 길에 우연히 리리의 친구를 만난다.
장 밍: 왕리리, 너 어디 가니?
왕리리: 아! 샤오장, 안녕.
장 밍: 이 분은 누구야?
왕리리: 이쪽은 내 친구, 김경민이라고 해. 이쪽은 제 룸메이트 장밍이라고 합니다.
김경민: 만나서 반가워요.
장 밍: 만나서 저도 반가워요.

(2) 리리의 친구가 경민이 한국인임을 알고 그의 중국어 실력을 칭찬한다.
장 밍: 당신은 어느 나라 사람이세요?
김경민: 한국 사람입니다.
장 밍: 정말이에요? 중국어 정말 잘하시네요!
김경민: 천만에요.
장 밍: 리리의 남자 친구이신가요?
김경민: 아닙니다. 우리는 그냥 친구일 뿐입니다.

제7과 전반부 총복습

김경민은 한국인이고, 대학생입니다. 그는 중국어를 공부합니다. 왕리리는 중국인이고, 역시 대학생입니다. 그녀는 경제학을 공부합니다. 그녀의 집은 식구가 4명입니다. 아빠, 엄마, 오빠 한 명과 그녀입니다. 김경민은 커피 마시는 걸 좋아합니다. 왕리리는 커피 마시는 걸 좋아하지 않고, 차 마시는 걸 좋아합니다. 김경민의 생일은 4월 17일, 마침 일요일입니다.

제8과 생일 축하합니다!

(1) 생일 축하 파티를 위하여 경민과 친구들이 레스토랑에 모였다.
왕, 장: 생일 축하해요!
김경민: 고마워요. 두 사람은 뭘 먹고 싶으세요? 오늘은 제 생일이니까, 제가 한턱 낼게요.
왕리리: 이 음식점은 어떤 요리가 맛있지요?
김경민: 돼지갈비가 맛있어요.
왕리리: 그럼 저는 돼지갈비로 먹을래요.
장 밍: 저도 돼지갈비 할래요.

(2) 생일 파티를 하던 도중, 리리는 장밍에게 다른 볼 일이 있다는 사실을 떠올린다.
왕리리: 지금 몇 시가 되었나요?
김경민: 1시 40분이요.
왕리리: 장밍이 2시에 볼 일이 있어요.
장 밍: 미안합니다.
김경민: 괜찮아요. 잘 가요.
장 밍: 안녕히 계세요.

제9과 당신의 휴대 전화 번호는 몇 번입니까?

(1) 생일파티를 마칠 때쯤 리리가 경민의 전화 번호를 물어본다.
왕리리: 휴대 전화 있으세요? 번호가 어떻게 되죠?
김경민: 있어요. 01234566789입니다. 리리 씨 휴대 전화 번호는 어떻게 되지요?
왕리리: 저는 휴대 전화가 없어요. 하나 사고 싶어요.

김경민: 이거 제 휴대 전화예요. 한 번 보세요.
왕리리: 정말 예뻐요. 저도 이 걸로 사고 싶어요.

(2) 기숙사로 돌아온 리리에게 장밍으로부터 다급한 전화가 걸려온다.
장　밍: 여보세요. 나 장밍인데, 너 리리지?
왕리리: 아! 장밍. 무슨 일이야?
장　밍: 지금 밖에 비가 오는데, 나 우산이 없어.
왕리리: 너 어디에 있니?
장　밍: 나는 제1 강의동에 있어.
왕리리: 너 그냥 거기서 날 기다려.

제10과　당신은 어제 무엇 무엇을 샀습니까?

(1) 학교 주변 지리에 익숙하지 못한 리리가 슈퍼의 위치를 경민에게 묻는다.
왕리리: 학교 근처에 슈퍼가 있나요?
김경민: 하나 있어요.
왕리리: 커요? 물건은 많나요?
김경민: 큽니다. 물건도 많아요.
왕리리: 멉니까?
김경민: 멀지 않아요.

(2) 다음날 경민이 리리에게 어제 무엇 무엇을 샀는지 물어본다.
김경민: 어제 무엇 무엇을 샀습니까?
왕리리: 돼지고기 한 근, 공책 두 권 그리고 빵 다섯 개 샀어요.
김경민: 전부 합해서 얼마였습니까?
왕리리: 전부 합해서 만 이천 원이요.

제11과　그는 한국에 비행기를 타고 옵니다.

(1) 리리의 오빠가 한국에 온다는 말을 듣고 경민이 일정을 묻는다.
김경민: 오빠는 언제 한국에 오십니까?
왕리리: 다음 달이에요.
김경민: 오빠는 어떻게 한국으로 오십니까?
왕리리: 비행기를 타고 옵니다.

김경민: 오빠가 한국어 할 줄 아나요?
왕리리: 할 줄 알아요.

(2) 다음 달이 되자 경민은 리리의 오빠가 방한했는지 궁금해졌다.
김경민: 오빠가 한국에 오셨나요?
왕리리: 벌써 왔습니다.
김경민: 언제 오셨나요?
왕리리: 어제요.
김경민: 누구와 함께 왔나요?
왕리리: 아빠랑요.

제12과　뭘 하고 있어요?

(1) 도서관에서 공부를 하고 있는 리리에게 경민이 살짝 다가간다.
김경민: 뭘 하고 있어요?
왕리리: 숙제하고 있습니다.
김경민: 밥 먹었어요?
왕리리: 안 먹었어요.
김경민: 우리 먼저 밥 먹으러 가는 건 어때요?
왕리리: 좋죠.

(2) 점심을 같이 먹으며 경민이 리리의 부모님에 대해서 물어본다.
왕리리: 경민 씨 아버지는 무슨 일 하세요?
김경민: 우리 아버지는 병원에서 일하세요. 의사이시거든요.
왕리리: 어머니도 의사이신가요?
김경민: 아니요. 어머니는 선생님이십니다.
왕리리: 졸업한 다음에, 경민 씨는 무슨 일을 하고 싶어요?
김경민: 전 기자가 되고 싶어요.

제13과　중국에 간 적이 있나요?

(1) 리리가 경민의 여름 방학 계획을 묻는다.
왕리리: 중국에 가본 적 있나요?
김경민: 가본 적 없어요.
왕리리: 이번 여름 방학에는 뭘 할 예정이세요?
김경민: 할아버지, 할머니 댁에 갈 예정입니다. 리리 씨는요?

왕리리: 저는 중국으로 돌아갈 예정입니다.

(2) 경민이 리리에게 베이징에 대하여 물어본다.
김경민: 리리 씨는 어디 사람이세요?
왕리리: 저는 베이징 사람이에요.
김경민: 제가 베이징에 가면, 리리 씨 찾아가도 되나요?
왕리리: 그럼요. 괜찮아요.
김경민: 베이징은 무슨 요리가 가장 유명한가요?
왕리리: 베이징 오리구이(카오야)가 제일 유명해요.

제14과 후반부 총복습

김경민은 올해 26살, 개띠입니다. 경민의 생일날 그들은 학교 근처 음식점에 가서 돼지갈비를 먹었습니다. 그 음식점의 돼지갈비는 맛있었습니다. 이번 여름 방학에 경민은 할아버지 할머니 댁에 갈 예정이고, 왕리리는 중국으로 돌아갈 예정입니다. 왕리리는 베이징 사람인데, 베이징 카오야가 유명하다고 하네요.

병음색인

A
ā 啊 아, 아하 88
a 啊 감탄을 표시하는 어기조사 154

B
bā 八 팔, 8 30
bǎ 把 손잡이가 있는 물건을 세는 양사 123
bàba 爸爸 아빠, 아버지 48
ba 吧 제안, 청유 등을 나타내는 어기조사 75
ba 吧 추측을 나타내는 조사 119
bǎi 百 백 30
bēi 杯 컵에 담긴 음료를 세는 양사. 잔, 컵 116
Běijīng 北京 북경, 베이징 167
běn 本 책을 세는 양사. 권 87
běnzi 本子 노트, 공책 131
bì//yè 毕业 졸업하다 155
bù 不 ……이 아니다, ……지 않다 24

C
cài 菜 요리, 음식, 반찬 106
chá 茶 차 62
cháng 常 종종, 자주 62
chángshòumiàn 长寿面 장수면. 중국인이 생일날 먹는 국수 171
chāoshì 超市 슈퍼마켓 130
chī 吃 먹다 75
chūzū qìchē 出租汽车 택시 144
cídiǎn 词典 사전 73
Cuī 崔 최(성씨) 42

D
dǎ 打 (전화 따위를) 걸다 156
dǎ lánqiú 打篮球 농구를 하다 152
dǎsuan 打算 ……할 생각이다, ……할 작정이다 166

dà 大 (크기가) 크다 130
dàjiā 大家 여러분 22
dàxuéshēng 大学生 대학생 96
dāng 当 (직무, 직위 따위를) 담당하다 155
dǎoyóu 导游 가이드 157
dàodá 到达 도착하다 165
de 的 구조조사. 명사와 수식성분 사이에 위치한다 75
děng 等 기다리다 119
dìdi 弟弟 남동생 51
dìtiě 地铁 지하철 142
dì yī 第一 제일, 첫 번째 119
diǎn 点 시 107
diànhuà 电话 전화 118
diànshì 电视 텔레비전 133
diànyǐng 电影 영화 156
dōngxi 东西 물건 130
dōu 都 모두 135
duì 对 맞다, 옳다 49
duìbuqǐ 对不起 미안합니다, 죄송합니다 62
duō 多 많다 130
duō dà 多大 나이를 묻는 의문사. 몇 살 76
duōshao 多少 얼마 118

E
è 饿 (배가)고프다, 허기지다 27
èr 二 이, 2 30

F
Fǎguó 法国 프랑스 93
Fǎguórén 法国人 프랑스인 26
Fǎyǔ 法语 프랑스어 67
fàn 饭 밥, 식사 75
fànguǎnr 饭馆儿 레스토랑 106
fàng hánjià 放寒假 겨울 방학을 하다 166
fàng//jià 放假 방학을 하다, 휴가로 쉬다 166

fàng shǔjià 放暑假 여름 방학을 하다		166
fēijī 飞机 비행기		142
fēn 分 분		107
Fǔshān 釜山 부산		169
fùjìn 附近 부근, 근처		130

G

gāoxìng 高兴 기쁘다, 즐겁다		36
gē 歌 노래		108
gēge 哥哥 형, 오빠		48
ge 个 개, 명		48
gōnggòng qìchē 公共汽车 버스		144
gōngsī 公司 회사		160
gōngzuò 工作 일; 일하다		155
gǒu 狗 개		76
guì 贵 상대방에 대한 존경의 뜻을 나타내는 말		36
guo 过 ……한 적이 있다		166

H

hāhā 哈哈 웃음소리		36
Hán 韩 한(성씨)		42
Hánguórén 韩国人 한국인, 한국 사람		24
Hányǔ 韩语 한국어		142
Hànyǔ 汉语 중국어		63
hǎo 好 좋다		24
hǎochī 好吃 맛있다		106
hǎohē 好喝 (음료수가) 맛있다		62
hǎokàn 好看 보기 좋다, 읽기 좋다		108
hǎorén 好人 좋은 사람		51
hǎotīng 好听 듣기 좋다		108
hào 号 일, 날		75
hàomǎ 号码 번호		118
hē 喝 (음료를) 마시다		62
hé 和 ……와/과, 그리고		48
hěn 很 아주		25

hóng 红 빨갛다, 붉다		73
hóu 猴 원숭이		82
hòutiān 后天 모레		39
hǔ 虎 호랑이		82
hùshi 护士 간호사		160
hùzhào 护照 여권		120
Huáng 黄 황(성씨)		42
huí 回 돌아가다, 돌아오다		166
huí//jiā 回家 집으로 돌아가다		147
huì 会 (배워서)…… 할 수 있다, …… 할 줄 안다		142
huǒchē 火车 기차, 열차		142

J

jī 鸡 닭		82
jīdàn 鸡蛋 계란		136
jǐ 几 10 이하의 숫자를 묻는 의문사. 몇		37
jìzhě 记者 기자		155
jiā 家 집		48
jiā 家 가정, 가게, 병원, 기업 따위를 세는 양사		106
jiàn 见 만나다		37
Jiāng 姜 강(성씨)		42
jiāotáng mǎqíduǒ 焦糖玛奇朵 카라멜 마키아또		68
jiào 叫 (이름을) ……라고 하다, ……라고 부르다		36
jiàoshì 教室 교실		93
jiàoxuélóu 教学楼 강의동		119
jiějie 姐姐 누나, 언니		50
jīn 斤 근 *1근=500g정도		131
Jīn 金 김(성씨)		38
Jīn Jǐngmín 金景民 김경민. 한국 남자 대학생		24
jīnnián 今年 올해		76
jīntiān 今天 오늘		37
jìn 进 (바깥에서 안으로) 들다		64
jīngdiǎn rè qiǎokèlì 经典热巧克力 핫 초콜릿		68
jīngjìxué 经济学 경제학		63

jiǔ 九 구, 9		30
jiǔ 酒 술		176
jiù 就 곧, 바로		49

K

kāfēi 咖啡 커피		62
kǎbùqínuò 卡布奇诺 카푸치노		68
kāi//chē 开车 운전하다		141
kàn 看 보다		118
kǎoyā 烤鸭 (베이징식) 오리구이 요리. 카오야		167
kěyǐ 可以 ……해도 된다, ……할 수 있다		167
kè 课 수업		97
kǒu 口 가족 수를 세는 양사		48
kuài 块 중국의 화폐 단위. '元[yuán]'의 구어체 표현		131
kuàilè 快乐 즐겁다, 유쾌하다		106

L

lái 来 오다		62
lǎolao 姥姥 외할머니		54
lǎoshī 老师 선생님		155
lǎoye 姥爷 외할아버지		54
le 了 변화의 발생을 나타내는 어기조사		76
le 了 동사의 동작이 완료되었음을 나타내는 동태조사		131
lěngyǐn 冷饮 차가운 음료		68
Lǐ 李 이(성씨)		38
liǎn 脸 얼굴		73
liǎng 两 둘		48
Lín 林 임(성씨)		42
líng 零 영, 0		30
liúxuéshēng 留学生 유학생		135
liù 六 육, 6		30
lóng 龙 용		82

M

māma 妈妈 엄마, 어머니		48
mǎ 马 말		78
ma 吗 (의문조사) ……입니까?		24
mǎi 买 사다		118
mǎi//cài 买菜 시장을 보다		152
máng 忙 바쁘다		25
māo 猫 고양이		76
méiguānxi 没关系 괜찮다, 문제 없다		107
méiyǒu 没有 (……이/가) 없다, (……을/를) 가지고 있지 않다		48
Měiguó 美国 미국		50
Měiguórén 美国人 미국인		26
Měishì kāfēi 美式咖啡 카페 아메리카노		68
mèimei 妹妹 여동생		48
mǐfàn 米饭 쌀밥		136
miànbāo 面包 빵		131
míngtiān 明天 내일		37
míngzi 名字 이름		36
mókǎ 摩卡 카페 모카		68

N

nátiě 拿铁 카페 라떼		68
nǎ 哪 어느		89
nǎguórén 哪国人 어느 나라 사람		89
nǎli 哪里 천만에요		89
nǎli 哪里 어디, 어느 곳		167
nǎr 哪儿 어디, 어느 곳		88
nà 那 그렇다면		76
nàr 那儿 거기, 저기		62
nǎinai 奶奶 (친)할머니		166
nán 难 어렵다		63
nánpéngyou 男朋友 남자친구		89
ne 呢 의문을 나타내는 조사		24
ne 呢 ……하고 있다(진행을 표시)		154
nǐ 你 너, 당신		24

nǐmen 你们 너희들, 당신들		26
nín 您 당신('你'의 존칭)		36
niú 牛 소		78
niúròu 牛肉 소고기		135
nóngsuō kāfēi 浓缩咖啡 에스프레소		68
nǚpéngyou 女朋友 여자친구		49

P

péngyou 朋友 친구		49
piányi 便宜 싸다		135
Piáo 朴 박(성씨)		38
piàoliang 漂亮 예쁘다		118

Q

qī 七 칠, 7		30
qí 骑 (동물이나 자전거 등에) 타다		142
qí//mǎ 骑马 승마하다, 말을 타다		141
qiān 千 천, 1000		131
qiānbǐ 铅笔 연필		140
qián 钱 돈		131
qiántiān 前天 그저께		39
qǐng 请 (부디) ……해 주시기 바랍니다		62
qǐng//kè 请客 한턱 내다		106
Qiū 秋 추(성씨)		42
qù 去 가다		88
Quán 权 권(성씨)		42

R

rèyǐn 热饮 뜨거운 음료		68
rén 人 사람		48
Rèn 任 임(성씨)		42
rènshi 认识 알다		36
Rìběnrén 日本人 일본인		26

S

sān 三 삼, 3		30
shāngdiàn 商店 상점,가게		132
Shànghǎi 上海 상해, 상하이		164
shàngwǔ 上午 오전		145
shé 蛇 뱀		82
shéi, shuí 谁 누구		88
Shēn 申 신(성씨)		42
shēnfènzhèng 身份证 신분증		120
shēntǐ 身体 몸, 신체, 건강		61
shénme 什么 무엇, 무슨		36
shénme shíhou 什么时候 언제		142
shēngrì 生日 생일		75
shí 十 십, 10		30
shì 是 (……은/는) ……이다		24
shì……de 是……的 '是……的' 강조 구문		143
shìr 事儿 일		107
shōuyīnjī 收音机 라디오		116
shǒu 首 노래를 세는 양사		108
Shǒu'ěr 首尔 서울		165
shǒujī 手机 휴대 전화		118
shū 书 책		87
shǔ 属 (십이지 중에서) ……띠에 해당하다		76
shǔ 鼠 쥐		82
shǔjià 暑假 여름 방학		166
shuǐguǒ 水果 과일		152
shuō 说 말하다, 이야기하다		142
sì 四 사, 4		30
Sòng 宋 송(성씨)		42
suì 岁 나이를 세는 단위. 살, 세		76

T

tā 他 그, 그 사람		38
tā 她 그녀		48
tài 太 너무, 지나치게		62

tài......le 太......了 너무나 ......하다, 정말로 ......하다		89
tīng 听 듣다		104
tóngwū 同屋 룸메이트		88
tóngxué 同学 동창, 동급생		90
túshūguǎn 图书馆 도서관		108
tù 兔 토끼		82

W

wàimiàn 外面 바깥	119
wǎn 碗 그릇에 담긴 물체를 세는 양사. 그릇	136
wǎnfàn 晚饭 저녁밥, 저녁 식사	111
wǎnshang 晚上 저녁	148
wàn 万 만, 10000	131
Wáng Lìli 王莉莉 왕리리. 중국 여자 유학생	24
wèi 位 사람을 셀 때 사용하는 존경형 양사. 분	88
wèi 喂 (전화에서) 여보세요	119
wèntí 问题 문제	167
wǒ 我 나	24
Wú 吴 오(성씨)	42
wǔ 五 오, 5	30
wǔfàn 午饭 점심밥, 점심 식사	112

X

xī//yān 吸烟 흡연하다, 담배를 피우다	165
xǐhuan 喜欢 좋아하다	62
xì 系 과	177
xià ge yuè 下个月 다음 달	142
xià//kè 下课 수업이 끝나다	157
xiàwǔ 下午 오후	124
xià//yǔ 下雨 비가 내리다	119
xiān 先 우선, 먼저	154
xiānsheng 先生 타인에 대한 존칭. 씨, 분	88
xiànzài 现在 지금, 현재	107
xiāngcǎo nátiě 香草拿铁 바닐라 라떼	68

xiǎng 想 생각하다; ......하고 싶어 하다	106
xiǎo 小 작다	76
xiǎojiě 小姐 아가씨(젊은 여성에 대한 호칭)	90
xiě//zì 写字 글씨를 쓰다	140
xièxie 谢谢 감사합니다, 고맙습니다	62
xīngqī 星期 요일	37
xīngqī'èr 星期二 화요일	37
xīngqīliù 星期六 토요일	37
xīngqīsān 星期三 수요일	37
xīngqīsì 星期四 목요일	37
xīngqītiān 星期天 일요일	37
xīngqīwǔ 星期五 금요일	37
xīngqīyī 星期一 월요일	37
xíng 行 된다, 괜찮다	167
xìng 姓 성은 ......이라고 한다	36
xiōngdì jiěmèi 兄弟姐妹 형제자매	48
xiū 修 수리하다, 고치다	116
xiūxi 休息 쉬다, 휴식하다	176
Xú 徐 서(성씨)	42
Xǔ 许 허(성씨)	42
xuésheng 学生 학생	91
xuéxí 学习 배우다, 학습하다	63
xuéxiào 学校 학교	130
xuě 雪 눈	119

Y

yáng 羊 양	82
yángsǎn 阳伞 양산	123
yào 要 필요하다, 요구하다, 원하다	106
yéye 爷爷 (친)할아버지	166
yě 也 ......도, ...또한, 역시	36
yī 一 일, 1	30
yīfu 衣服 옷	156
yīshēng 医生 의사	155
yīyuàn 医院 병원	155
yígòng 一共 모두, 합계	131

병음	한자	뜻	페이지
yǐhòu	以后	이후에, 다음에	155
yǐjing	已经	벌써, 이미	143
yìqǐ	一起	함께, 같이	75
(yì) xiē	(一)些	약간, 몇몇	131
yínháng	银行	은행	132
Yǐn	尹	윤(성씨)	42
Yìndù	印度	인도	168
Yīngguórén	英国人	영국인	26
Yīngyǔ	英语	영어	67
yòng	用	쓰다, 사용하다	140
yǒu	有	(……이/가) 있다, (……을/를) 가지고 있다	48
yǒumíng	有名	유명하다	167
yǔ	雨	비	119
yǔsǎn	雨伞	우산	119
yuǎn	远	멀다	130
yuè	月	월, 달	75

Z

병음	한자	뜻	페이지
zài	在	……에 있다; ……에서	119
zài	在	……하고 있다(진행을 표시)	154
zàijiàn	再见	(헤어질 때의 인사말) 안녕	25
zǎofàn	早饭	아침밥, 아침 식사	128
zǎoshang	早上	아침	136
zěnme	怎么	어떻게	142
zěnmeyàng	怎么样	어떠하다	154
Zhāng	张	장(성씨)	38
Zhāng Míng	张明	장밍. 중국 여자 유학생	88
zhǎo	找	찾다	167
Zhào	赵	조(성씨)	42
zhè	这	이, 이것	49
zhèr	这儿	여기	62
zhēnde	真的	정말로	89
Zhèng	郑	정(성씨)	42
zhènghǎo	正好	마침, 때 마침	96
zhī	只	동물을 세는 양사. 마리	134
zhīdao	知道	알다	49
zhǐ	只	오직, 다만……일뿐	89
Zhōngguórén	中国人	중국인, 중국 사람	24
zhū	猪	돼지	78
zhūpáigǔ	猪排骨	돼지갈비	106
zhūròu	猪肉	돼지고기	131
zhù	祝	기원하다, 빌다	106
zìxíngchē	自行车	자전거	142
zuì	最	가장	167
zuìjìn	最近	최근, 요즘	87
zuótiān	昨天	어제	131
zuò	坐	앉다; (교통 수단을) 타다	142
zuò	做	하다	154
zuòyè	作业	숙제	154

※ 본문에 나오는 단어는 본문 페이지를 기준으로 표시하였다. 그 외의 기타 단어는 처음 출현한 페이지를 기준으로 표시하였다.

단어색인

제1과

你 nǐ 너, 당신
好 hǎo 좋다
是 shì (······은/는) ······이다
中国人 Zhōngguórén 중국인, 중국 사람
吗 ma (의문조사) ······입니까?
我 wǒ 나
呢 ne 의문을 나타내는 조사
不 bù ······이 아니다, ······지 않다
韩国人 Hánguórén 한국인, 한국 사람
忙 máng 바쁘다
很 hěn 아주
再见 zàijiàn (헤어질 때의 인사말) 안녕
金景民 Jīn Jǐngmín 김경민. 한국 남자 대학생
王莉莉 Wáng Lìli 왕리리. 중국 여자 유학생

제2과

您 nín 당신('你'의 존칭)
贵 guì 상대방에 대한 존경의 뜻을 나타내는 말
姓 xìng 성은 ······이라고 한다
哈哈 hāhā 웃음소리
叫 jiào (이름을) ······라고 하다, ······라고 부르다
什么 shénme 무엇, 무슨
名字 míngzi 이름
认识 rènshi 알다
高兴 gāoxìng 기쁘다, 즐겁다
也 yě ······도, ······또한, 역시
明天 míngtiān 내일
今天 jīntiān 오늘
星期 xīngqī 요일
星期一 xīngqīyī 월요일
星期二 xīngqī'èr 화요일
星期三 xīngqīsān 수요일
星期四 xīngqīsì 목요일
星期五 xīngqīwǔ 금요일
星期六 xīngqīliù 토요일
星期天 xīngqītiān 일요일
几 jǐ 10 이하의 숫자를 묻는 의문사. 몇

见 jiàn 만나다

제3과

家 jiā 집
有 yǒu (······이/가) 있다, (······을/를) 가지고 있다
口 kǒu 가족 수를 세는 양사
人 rén 사람
爸爸 bàba 아빠, 아버지
妈妈 māma 엄마, 어머니
哥哥 gēge 형, 오빠
和 hé ······와/과, 그리고
兄弟姐妹 xiōngdì jiěmèi 형제자매
个 ge 개, 명
两 liǎng 둘
妹妹 mèimei 여동생
她 tā 그녀
没有 méiyǒu '有[yǒu]'의 부정. (······이/가) 없다, (······을/를) 가지고 있지 않다
这 zhè 이, 이것
对 duì 맞다, 옳다
就 jiù 곧, 바로
女朋友 nǚpéngyou 여자친구
朋友 péngyou 친구
知道 zhīdao 알다

제4과

请 qǐng (부디) ······해 주시기 바랍니다
喝 hē (음료를) 마시다
咖啡 kāfēi 커피
茶 chá 차
谢谢 xièxie 감사합니다, 고맙습니다
喜欢 xǐhuan 좋아하다
对不起 duìbuqǐ 미안합니다, 죄송합니다
太 tài 너무, 지나치게
这儿 zhèr 여기
那儿 nàr 거기, 저기
好喝 hǎohē (음료수가) 맛있다
常 cháng 종종, 자주

来 lái 오다
学习 xuéxí 배우다, 학습하다
经济学 jīngjìxué 경제학
汉语 Hànyǔ 중국어
难 nán 어렵다

제5과

的 de 구조조사. 명사와 수식성분 사이에 위치한다
生日 shēngrì 생일
月 yuè 월, 달
号 hào 일, 날
一起 yìqǐ 함께, 같이
吃 chī 먹다
饭 fàn 밥, 식사
吧 ba 제안, 청유 등을 나타내는 어기조사
今年 jīnnián 올해
多大 duō dà 나이를 묻는 의문사. 몇 살
了 le 변화의 발생을 나타내는 어기조사
岁 suì 나이를 세는 단위. 살, 세
属 shǔ (십이지 중에서) ……띠에 해당하다
狗 gǒu 개
那 nà 그렇다면
小 xiǎo 작다
猫 māo 고양이

제6과

去 qù 가다
哪儿 nǎr 어디, 어느 곳
啊 ā 아, 아하
位 wèi 사람을 셀 때 사용하는 존경형 양사. 분
先生 xiānsheng 타인에 대한 존칭. 씨, 분
谁 shéi, shuí 누구
同屋 tóngwū 룸메이트
哪国人 nǎguórén 어느 나라 사람
哪 nǎ 어느
真的 zhēnde 정말로
太……了 tài……le 너무나 ……하다, 정말로 ……하다
哪里 nǎli 천만에요 *두 번 반복하는 것이 일반적이다. 원래는 '어디'라는 뜻의 의문사

男朋友 nánpéngyou 남자친구
只 zhǐ 오직, 다만……일뿐
张明 Zhāng Míng 장밍. 중국 여자 유학생

제7과

大学生 dàxuéshēng 대학생
正好 zhènghǎo 마침, 때 마침

제8과

祝 zhù 기원하다, 빌다
快乐 kuàilè 즐겁다, 유쾌하다
想 xiǎng 생각하다; ……하고 싶어 하다
请客 qǐng//kè 한턱 내다
家 jiā 가정, 가게, 병원, 기업 따위를 세는 양사
饭馆儿 fànguǎnr 레스토랑
菜 cài 요리, 음식, 반찬
好吃 hǎochī 맛있다
猪排骨 zhūpáigǔ 돼지갈비
要 yào 필요하다, 요구하다, 원하다
现在 xiànzài 지금, 현재
点 diǎn 시
分 fēn 분
事儿 shìr 일
没关系 méiguānxi 괜찮다, 문제 없다

제9과

手机 shǒujī 휴대 전화
电话 diànhuà 전화
号码 hàomǎ 번호
多少 duōshao 두 자리 수 이상의 수를 묻는 의문사. 얼마
买 mǎi 사다
看 kàn 보다
漂亮 piàoliang 예쁘다
喂 wèi (전화에서) 여보세요
吧 ba 추측을 나타내는 조사
外面 wàimiàn 바깥

下雨 xià//yǔ 비가 내리다
雨伞 yǔsǎn 우산
在 zài ……에 있다; ……에서
第一 dì yī 제일, 첫 번째
教学楼 jiàoxuélóu 강의동
等 děng 기다리다

제10과

学校 xuéxiào 학교
附近 fùjìn 부근, 근처
超市 chāoshì 슈퍼마켓 *超级市场[chāojí shìchǎng]의 준말
大 dà (크기가) 크다
东西 dōngxi 물건
多 duō 많다
远 yuǎn 멀다
昨天 zuótiān 어제
了 le 동사의 동작이 완료되었음을 나타내는 동태조사
(一)些 (yì) xiē 약간, 몇몇
斤 jīn 근 *1근=500g정도
猪肉 zhūròu 돼지고기
本子 běnzi 노트, 공책
面包 miànbāo 빵
一共 yígòng 모두, 합계
钱 qián 돈
万 wàn 만, 10000
千 qiān 천, 1000
块 kuài 중국의 화폐 단위. '元[yuán]'의 구어체 표현

제11과

什么时候 shénme shíhou 언제
下个月 xià ge yuè 다음 달
怎么 zěnme 어떻게
坐 zuò 앉다; (교통 수단을) 타다
飞机 fēijī 비행기
会 huì (배워서) …… 할 수 있다, …… 할 줄 안다
说 shuō 말하다, 이야기하다
韩语 Hányǔ 한국어

已经 yǐjing 벌써, 이미
是……的 shì……de '是……的' 강조 구문

제12과

在 zài ……하고 있다(진행을 표시)
呢 ne ……하고 있다(진행을 표시)
做 zuò 하다
作业 zuòyè 숙제
先 xiān 우선, 먼저
怎么样 zěnmeyàng 어떠하다
啊 a 감탄을 표시하는 어기조사
工作 gōngzuò 일; 일하다
医院 yīyuàn 병원
医生 yīshēng 의사
老师 lǎoshī 선생님
毕业 bì//yè 졸업하다
以后 yǐhòu 이후에, 다음에
当 dāng (직무, 직위 따위를) 담당하다
记者 jìzhě 기자

제13과

过 guo ……한 적이 있다
暑假 shǔjià 여름 방학
打算 dǎsuan ……할 생각이다, ……할 작정이다
爷爷 yéye (친)할아버지
奶奶 nǎinai (친)할머니
回 huí 돌아가다, 돌아오다
哪里 nǎli 어디, 어느 곳
可以 kěyǐ ……해도 된다, ……할 수 있다
找 zhǎo 찾다
行 xíng 된다, 괜찮다
问题 wèntí 문제
最 zuì 가장
有名 yǒumíng 유명하다
烤鸭 kǎoyā (베이징식) 오리구이 요리. 카오야
北京 Běijīng 북경, 베이징

기타단어

大家 dàjiā 여러분
你们 nǐmen 너희들, 당신들
日本人 Rìběnrén 일본인
美国人 Měiguórén 미국인
英国人 Yīngguórén 영국인
法国人 Fǎguórén 프랑스인
饿 è (배가)고프다, 허기지다
零 líng 영, 0
一 yī 일, 1
二 èr 이, 2
三 sān 삼, 3
四 sì 사, 4
五 wǔ 오, 5
六 liù 육, 6
七 qī 칠, 7
八 bā 팔, 8
九 jiǔ 구, 9
十 shí 십, 10
百 bǎi 백
他 tā 그, 그 사람
后天 hòutiān 모레
前天 qiántiān 그저께
金 Jīn 김(성씨)
李 Lǐ 이(성씨)
朴 Piáo 박(성씨)
崔 Cuī 최(성씨)
郑 Zhèng 정(성씨)
姜 Jiāng 강(성씨)
赵 Zhào 조(성씨)
尹 Yǐn 윤(성씨)
张 Zhāng 장(성씨)
林 Lín 임(성씨)
韩 Hán 한(성씨)
申 Shēn 신(성씨)
吴 Wú 오(성씨)
徐 Xú 서(성씨)
权 Quán 권(성씨)
黄 Huáng 황(성씨)
宋 Sòng 송(성씨)
许 Xǔ 허(성씨)
秋 Qiū 추(성씨)
任 Rèn 임(성씨)
美国 Měiguó 미국
好人 hǎorén 좋은 사람
姥爷 lǎoye 외할아버지
姥姥 lǎolao 외할머니
姐姐 jiějie 누나, 언니
弟弟 dìdi 남동생
身体 shēntǐ 몸, 신체, 건강
进 jìn (바깥에서 안으로) 들다
法语 Fǎyǔ 프랑스어
英语 Yīngyǔ 영어
热饮 rèyǐn 뜨거운 음료
冷饮 lěngyǐn 차가운 음료
浓缩咖啡 nóngsuō kāfēi 에스프레소
美式咖啡 Měishì kāfēi 카페 아메리카노
拿铁 nátiě 카페 라떼
摩卡 mókǎ 카페 모카
卡布奇诺 kǎbùqínuò 카푸치노
焦糖玛奇朵 jiāotáng mǎqíduǒ 카라멜 마키아또
香草拿铁 xiāngcǎo nátiě 바닐라 라떼
经典热巧克力 jīngdiǎn rè qiǎokèlì 핫 초콜릿
脸 liǎn 얼굴
红 hóng 빨갛다, 붉다
词典 cídiǎn 사전
鼠 shǔ 쥐
牛 niú 소
虎 hǔ 호랑이
兔 tù 토끼
龙 lóng 용
蛇 shé 뱀
马 mǎ 말
羊 yáng 양
猴 hóu 원숭이
鸡 jī 닭
猪 zhū 돼지
本 běn 책을 세는 양사. 권
书 shū 책

最近 zuìjìn 최근, 요즘
小姐 xiǎojiě 아가씨(젊은 여성에 대한 호칭)
同学 tóngxué 동창, 동급생
学生 xuésheng 학생
教室 jiàoshì 교실
法国 Fǎguó 프랑스
课 kè 수업
听 tīng 듣다
图书馆 túshūguǎn 도서관
首 shǒu 노래를 세는 양사
歌 gē 노래
好听 hǎotīng 듣기 좋다
好看 hǎokàn 보기 좋다, 읽기 좋다
晚饭 wǎnfàn 저녁밥, 저녁 식사
午饭 wǔfàn 점심밥, 점심 식사
收音机 shōuyīnjī 라디오
修 xiū 수리하다, 고치다
杯 bēi 컵에 담긴 음료를 세는 양사. 잔, 컵
雨 yǔ 비
雪 xuě 눈
护照 hùzhào 여권
身份证 shēnfènzhèng 신분증
阳伞 yángsǎn 양산
把 bǎ 손잡이가 있는 물건을 세는 양사
下午 xiàwǔ 오후
早饭 zǎofàn 아침밥, 아침 식사
商店 shāngdiàn 상점, 가게
银行 yínháng 은행
电视 diànshì 텔레비전
只 zhī 동물을 세는 양사. 마리
牛肉 niúròu 소고기
留学生 liúxuéshēng 유학생
便宜 piányi 싸다
都 dōu 모두
早上 zǎoshang 아침
碗 wǎn 그릇에 담긴 물체를 세는 양사. 그릇
米饭 mǐfàn 쌀밥
鸡蛋 jīdàn 계란
用 yòng 쓰다, 사용하다
铅笔 qiānbǐ 연필

写字 xiě//zì 글씨를 쓰다
开车 kāi//chē 운전하다
骑马 qí//mǎ 승마하다, 말을 타다
骑 qí (동물이나 자전거 등에) 타다
自行车 zìxíngchē 자전거
火车 huǒchē 기차, 열차
出租汽车 chūzū qìchē 택시
公共汽车 gōnggòng qìchē 버스
地铁 dìtiě 지하철
上午 shàngwǔ 오전
回家 huí//jiā 집으로 돌아가다
晚上 wǎnshang 저녁
打篮球 dǎ lánqiú 농구를 하다
买菜 mǎi//cài 시장을 보다
水果 shuǐguǒ 과일
打 dǎ (전화 따위를) 걸다
电影 diànyǐng 영화
衣服 yīfu 옷
下课 xià//kè 수업이 끝나다
导游 dǎoyóu 가이드
公司 gōngsī 회사
护士 hùshi 간호사
上海 Shànghǎi 상해, 상하이
吸烟 xī//yān 흡연하다, 담배를 피우다
到达 dàodá 도착하다
首尔 Shǒu'ěr 서울
放假 fàng//jià 방학을 하다, 휴가로 쉬다
放暑假 fàng shǔjià 여름 방학을 하다
放寒假 fàng hánjià 겨울 방학을 하다
印度 Yìndù 인도
釜山 Fǔshān 부산
长寿面 chángshòumiàn 장수면. 중국인이 생일날 먹는 국수
休息 xiūxi 쉬다, 휴식하다
酒 jiǔ 술
系 xì 과

MEMO

중국어 음절표

	1															
	a	o	e	-i	er	ai	ei	ao	ou	an	en	ang	eng	ong	i	ia	iao	ie
b	ba	bo				bai	bei	bao		ban	ben	bang	beng		bi		biao	bie
p	pa	po				pai	pei	pao	pou	pan	pen	pang	peng		pi		piao	pie
m	ma	mo	me			mai	mei	mao	mou	man	men	mang	meng		mi		miao	mie
f	fa	fo					fei		fou	fan	fen	fang	feng					
d	da		de			dai	dei	dao	dou	dan	den	dang	deng	dong	di		diao	die
t	ta		te			tai		tao	tou	tan		tang	teng	tong	ti		tiao	tie
n	na		ne			nai	nei	nao	nou	nan	nen	nang	neng	nong	ni		niao	nie
l	la		le			lai	lei	lao	lou	lan		lang	leng	long	li	lia	liao	lie
g	ga		ge			gai	gei	gao	gou	gan	gen	gang	geng	gong				
k	ka		ke			kai	kei	kao	kou	kan	ken	kang	keng	kong				
h	ha		he			hai	hei	hao	hou	han	hen	hang	heng	hong				
j															ji	jia	jiao	jie
q															qi	qia	qiao	qie
x															xi	xia	xiao	xie
zh	zha		zhe	zhi		zhai	zhei	zhao	zhou	zhan	zhen	zhang	zheng	zhong				
ch	cha		che	chi		chai		chao	chou	chan	chen	chang	cheng	chong				
sh	sha		she	shi		shai	shei	shao	shou	shan	shen	shang	sheng					
r			re	ri				rao	rou	ran	ren	rang	reng	rong				
z	za		ze	zi		zai	zei	zao	zou	zan	zen	zang	zeng	zong				
c	ca		ce	ci		cai		cao	cou	can	cen	cang	ceng	cong				
s	sa		se	si		sai		sao	sou	san	sen	sang	seng	song				
	a	o	e		er	ai	ei	ao	ou	an	en	ang	eng		yi	ya	yao	ye

	2						3									4			
	iou	ian	in	iang	ing	iong	u	ua	uo	uai	uei	uan	uen	uang	ueng	ü	üe	üan	ün
		bian	bin		bing		bu												
		pian	pin		ping		pu												
	miu	mian	min		ming		mu												
							fu												
	diu	dian			ding		du		duo		dui	duan	dun						
		tian			ting		tu		tuo		tui	tuan	tun						
	niu	nian	nin	niang	ning		nu		nuo			nuan				nü	nüe		
	liu	lian	lin	liang	ling		lu		luo			luan	lun			lü	lüe		
							gu	gua	guo	guai	gui	guan	gun	guang					
							ku	kua	kuo	kuai	kui	kuan	kun	kuang					
							hu	hua	huo	huai	hui	huan	hun	huang					
	jiu	jian	jin	jiang	jing	jiong										ju	jue	juan	jun
	qiu	qian	qin	qiang	qing	qiong										qu	que	quan	qun
	xiu	xian	xin	xiang	xing	xiong										xu	xue	xuan	xun
							zhu	zhua	zhuo	zhuai	zhui	zhuan	zhun	zhuang					
							chu	chua	chuo	chuai	chui	chuan	chun	chuang					
							shu	shua	shuo	shuai	shui	shuan	shun	shuang					
							ru		ruo		rui	ruan	run						
							zu		zuo		zui	zuan	zun						
							cu		cuo		cui	cuan	cun						
							su		suo		sui	suan	sun						
	you	yan	yin	yang	ying	yong	wu	wa	wo	wai	wei	wan	wen	wang	weng	yu	yue	yuan	yun

- 부분은 한어병음 표기법 또는 발음에 주의해야 할 음절임.
- 부분의 음절은 단독으로 쓰일 때의 표기임.
- 감탄사에 나타나는 특수한 음절(ng, hm, hng 등)은 생략함.

1 你好！Nǐ hǎo!

	a	o	e	i	u	ü
b	ba	bo		bi	bu	
p	pa	po		pi	pu	
m	ma	mo	me	mi	mu	
f	fa	fo			fu	
d	da		de	di	du	
t	ta		te	ti	tu	
n	na		ne	ni	nu	nü
l	la		le	li	lu	lü
	a	o	e	yi	wu	yu

一. 발음 다지기 코너

1 발음과 성조에 주의하며, 녹음을 따라 읽어보시오. 01

(1) ā　á　ǎ　à
(2) ō　ó　ǒ　ò
(3) ē　é　ě　è
(4) yī　yí　yǐ　yì
(5) wū　wú　wǔ　wù
(6) yū　yú　yǔ　yù

2 녹음을 듣고 고르시오. 02

　　Ⓐ　　Ⓑ
(1) yǔ　yī
(2) wú　yù
(3) yí　wù
(4) á　è
(5) ǒ　à

3 녹음을 듣고 고르시오.

	Ⓐ	Ⓑ
(1)	bǎ	pò
(2)	mǎ	mù
(3)	nǔ	lù
(4)	dé	tè
(5)	lǜ	lā

4 녹음을 듣고 성조 기호를 쓰시오.

(1) yu
(2) nü
(3) fu
(4) le
(5) ma

二. 듣기 다지기 코너

1 A부터 H의 순으로 네 개의 성조를 무작위로 들려줍니다. 1성이 들리는 칸에 체크하시오.

A	B	C	D	E	F	G	H

2 A부터 H의 순으로 네 개의 성조를 무작위로 들려줍니다. 4성이 들리는 칸에 체크하시오.

A	B	C	D	E	F	G	H

3 A부터 H의 순으로 네 개의 성조를 무작위로 들려줍니다. 2성이 들리는 칸에 체크하시오.

A	B	C	D	E	F	G	H

三. 단어 다지기 코너

중국어	한어병음	한국어 뜻
我	wǒ	
	ma	(의문조사) ……입니까?
不		……이 아니다, ……지 않다
好		좋다
	máng	바쁘다
	ne	의문을 나타내는 조사
再见		(헤어질 때의 인사말) 안녕
	Zhōngguórén	중국인
是		……은/는 ……이다

四. 한자 다지기 코너

1 아래 간체자를 따라 쓰시오.

你 nǐ	你	你				
我 wǒ	我	我				
是 shì	是	是				
好 hǎo	好	好				
见 jiàn	见	见				

很 hěn	很	很				
不 bù	不	不				
吗 ma	吗	吗				
呢 ne	呢	呢				
中 zhōng	中	中				
韩 hán	韩	韩				
国 guó	国	国				

2 중국어 문장을 따라 쓰시오.

你好。你好。_____

你是中国人吗? 你是中国人吗? _____

我是韩国人。我是韩国人。_____

你忙吗? 你忙吗? _____

我不忙。我不忙。_____

你呢? 你呢? _____

再见。再见。_____

2 您贵姓? Nín guì xìng?

	a	o	e	i	u	ü
g	ga		ge		gu	
k	ka		ke		ku	
h	ha		he		hu	
j				ji		ju
q				qi		qu
x				xi		xu
	a	o	e	yi	wu	yu

一. 발음 다지기 코너

1 발음과 성조에 주의하며, 녹음을 따라 읽어보시오.

   (1) jū   jú   jǔ   jù
   (2) qū   qú   qǔ   qù
   (3) xū   xú   xǔ   xù
   (4) gū   gú   gǔ   gù
   (5) kū   kú   kǔ   kù

2 녹음을 듣고 고르시오.

        Ⓐ   Ⓑ
   (1) gē   gǔ
   (2) hà   hù
   (3) xí   xǔ
   (4) kǎ   kě
   (5) qǐ   qǔ

3 녹음을 듣고 고르시오.

        Ⓐ   Ⓑ

(1) gē   kē

(2) jǔ   qǔ

(3) hú   xú

(4) kǎ   hā

(5) jī   xǐ

4 녹음을 듣고 성조 기호를 쓰시오.

(1) ju

(2) qi

(3) he

(4) ku

(5) xu

二. 듣기 다지기 코너

1 '星期一(월요일)'를 몇 번 말했는지 그 회수를 쓰시오. (　　　　　)

2 '2성+1성'의 조합으로 이루어진 두 글자 단어가 들리는 칸에 체크하시오.

A	B	C	D	E	F

三. 단어 다지기 코너

중국어	한어병음	한국어 뜻
您		당신('你'의 존칭)
姓		성은 ……이라고 한다
叫	jiào	
	jīntiān	오늘
高兴		기쁘다, 즐겁다
	rènshi	알다
星期一		월요일
几		10이하의 숫자를 묻는 의문사. 몇
什么		무엇, 무슨

四. 한자 다지기 코너

1 아래 간체자를 따라 쓰시오.

贵 guì	贵	贵					
叫 jiào	叫	叫					
什 shén	什	什					
么 me	么	么					
名 míng	名	名					

认 rèn	认	认				
识 shí	识	识				
高 gāo	高	高				
兴 xìng	兴	兴				
今 jīn	今	今				
星 xīng	星	星				
期 qī	期	期				

2 중국어 문장을 따라 쓰시오.

您贵姓? 您贵姓? _____

你叫什么名字? 你叫什么名字? _____

认识你，我很高兴。认识你，我很高兴。

_____

你明天忙吗? 你明天忙吗? _____

今天星期几? 今天星期几? _____

明天见。明天见。_____

3 你家有几口人? Nǐ jiā yǒu jǐ kǒu rén?

	a	o	e	i	u	ü	-i
zh	zha		zhe		zhu		zhi
ch	cha		che		chu		chi
sh	sha		she		shu		shi
r			re		ru		ri
z	za		ze		zu		zi
c	ca		ce		cu		ci
s	sa		se		su		si
	a	o	e	yi	wu	yu	

一. 발음 다지기 코너

1 발음과 성조에 주의하며, 녹음을 따라 읽어보시오. 🎧 11

(1) zhī zhí zhǐ zhì
(2) chī chí chǐ chì
(3) shī shí shǐ shì
(4) rī rí rǐ rì
(5) zī zí zǐ zì
(6) cī cí cǐ cì
(7) sī sí sǐ sì

2 녹음을 듣고 고르시오. 🎧 12

   Ⓐ   Ⓑ
(1) zhě zhī
(2) shā shū
(3) rè rì
(4) chǔ chǐ
(5) zhè zhá

3 녹음을 듣고 고르시오.

         Ⓐ   Ⓑ

(1) zá   cā

(2) chē cè

(3) shǎ sǎ

(4) cù   chǔ

(5) sì   shí

4 녹음을 듣고 성조 기호를 쓰시오.

(1) re

(2) chi

(3) za

(4) shu

(5) shi

二. 듣기 다지기 코너

1 성조와 상관없이 'zhi' 발음이 들리는 칸에 체크하시오.

A	B	C	D	E	F	G	H

2 녹음을 잘 듣고 나의 가족이면 'O', 나와 관계없는 사람이면 'X'를 하시오.

(   )   (   )   (   )   (   )

(   )   (   )   (   )

三. 단어 다지기 코너

중국어	한어병음	한국어 뜻
家		집
有	yǒu	
爸爸		아빠, 아버지
妈妈	māma	
兄弟姐妹		형제자매
	tā	그녀
	hé	……와/과, 그리고
这	zhè	
知道		알다

四. 한자 다지기 코너

1 아래 간체자를 따라 쓰시오.

家 jiā	家	家					
爸 bà	爸	爸					
妈 mā	妈	妈					
哥 gē	哥	哥					
姐 jiě	姐	姐					

妹 mèi	妹	妹				
弟 dì	弟	弟				
兄 xiōng	兄	兄				
这 zhè	这	这				
就 jiù	就	就				
朋 péng	朋	朋				
道 dào	道	道				

2 중국어 문장을 따라 쓰시오.

你家有几口人? 你家有几口人? _____

你爸爸有兄弟姐妹吗? 你爸爸有兄弟姐妹吗?

_____

他有两个妹妹。他有两个妹妹。_____

他就是我哥哥。他就是我哥哥。_____

我不知道。我不知道。_____

4 汉语难不难? Hànyǔ nán bu nán?

	ai	ei	ao	ou
b	bai	bei	bao	
p	pai	pei	pao	pou
m	mai	mei	mao	mou
f		fei		fou
d	dai	dei	dao	dou
t	tai		tao	tou
n	nai	nei	nao	nou
l	lai	lei	lao	lou
	ai	ei	ao	ou

一. 발음 다지기 코너

1 발음과 성조에 주의하며, 녹음을 따라 읽어보시오.

(1) āi ái ǎi ài
(2) ēi éi ěi èi
(3) āo áo ǎo ào
(4) ōu óu ǒu òu
(5) fōu fóu fǒu fòu

2 녹음을 듣고 고르시오.

    Ⓐ   Ⓑ
(1) bái bēi
(2) lǎo lái
(3) dào dōu
(4) nào nài
(5) tái tǎo

3 녹음을 듣고 고르시오.

       Ⓐ   Ⓑ

(1) bāo pǎo

(2) měi nèi

(3) dōu tóu

(4) nǎo lǎo

(5) pōu fǒu

4 녹음을 듣고 성조 기호를 쓰시오.

(1) fou

(2) bao

(3) fei

(4) dou

(5) lou

二. 듣기 다지기 코너

녹음을 잘 듣고 그림의 아래에 적절한 숫자를 써 넣으시오.

1
(   )   (   )   (   )   (   )   (   )

2
(   )   (   )   (   )   (   )   (   )

三. 단어 다지기 코너

중국어	한어병음	한국어 뜻
	qǐng	(부디) ……해 주시기 바랍니다
谢谢		감사합니다, 고맙습니다
这儿		여기
常	cháng	
喝	hē	
学习		배우다, 학습하다
	nán	어렵다
汉语	Hànyǔ	
喜欢		좋아하다

四. 한자 다지기 코너

1 아래 간체자를 따라 쓰시오.

请 qǐng	请	请				
谢 xiè	谢	谢				
喝 hē	喝	喝				
喜 xǐ	喜	喜				
欢 huān	欢	欢				

来 lái	来	来				
学 xué	学	学				
习 xí	习	习				
汉 hàn	汉	汉				
经 jīng	经	经				
济 jì	济	济				
难 nán	难	难				

2 중국어 문장을 따라 쓰시오.

请喝咖啡。请喝咖啡。_____

你喜欢喝咖啡吗？你喜欢喝咖啡吗？_____

你常来这儿吗？你常来这儿吗？_____

你学习什么？你学习什么？_____

汉语难不难？汉语难不难？_____

经济学也很难。经济学也很难。_____

谢谢。谢谢。_____

5 你的生日是几月几号? Nǐ de shēngrì shì jǐ yuè jǐ hào?

	ai	ei	ao	ou
g	gai	gei	gao	gou
k	kai	kei	kao	kou
h	hai	hei	hao	hou
zh	zhai	zhei	zhao	zhou
ch	chai		chao	chou
sh	shai	shei	shao	shou
r			rao	rou
z	zai	zei	zao	zou
c	cai		cao	cou
s	sai		sao	sou
	ai	ei	ao	ou

一. 발음 다지기 코너

1 발음과 성조에 주의하며, 녹음을 따라 읽어보시오. 21

(1) hāi　hái　hǎi　hài
(2) zhāi　zhái　zhǎi　zhài
(3) zāi　zái　zǎi　zài
(4) shāi　shái　shǎi　shài
(5) sāi　sái　sǎi　sài

2 녹음을 듣고 고르시오.

　　Ⓐ　　Ⓑ
(1) gěi　gǎi
(2) hǎo　hòu
(3) cài　cǎo
(4) chǎo　chōu
(5) kào　kāi

3 녹음을 듣고 고르시오.

         Ⓐ   Ⓑ

(1) kǒu   hóu

(2) gǎi   kāi

(3) zǒu   zhǎo

(4) cāi   chōu

(5) sǎo   shéi

4 녹음을 듣고 성조 기호를 쓰시오.

(1) shou

(2) gao

(3) hei

(4) rou

(5) shei

二. 듣기 다지기 코너

1 녹음을 잘 듣고 해당하는 날짜를 달력에 표시하시오.

2 녹음을 잘 듣고 사람들과 십이지를 적절하게 연결하시오.

(1)  (2)  (3)  (4)  (5)  (6)  (7)

①  ②  ③  ④  ⑤  ⑥  ⑦

三. 단어 다지기 코너

중국어	한어병음	한국어 뜻
	shēngrì	생일
月		달, 월
	hào	일, 날
吃		먹다
饭		밥, 식사
岁	suì	
属	shǔ	
狗		개
猫	māo	

四. 한자 다지기 코너

1 아래 간체자를 따라 쓰시오.

起 qǐ	起	起				
吃 chī	吃	吃				
饭 fàn	饭	饭				
年 nián	年	年				
多 duō	多	多				

大 dà	大	大				
了 le	了	了				
岁 suì	岁	岁				
属 shǔ	属	属				
小 xiǎo	小	小				
狗 gǒu	狗	狗				
猫 māo	猫	猫				

2 중국어 문장을 따라 쓰시오.

你的生日是几月几号? 你的生日是几月几号?

星期天我们一起吃饭吧。星期天我们一起吃饭吧。

你今年多大了? 你今年多大了?

你属什么? 你属什么?

我不属狗。我不属狗。

6 你去哪儿? Nǐ qù nǎr?

	an	en	ang	eng	ong
b	ban	ben	bang	beng	
p	pan	pen	pang	peng	
m	man	men	mang	meng	
f	fan	fen	fang	feng	
d	dan	den	dang	deng	dong
t	tan		tang	teng	tong
n	nan	nen	nang	neng	nong
l	lan		lang	leng	long
	an	en	ang	eng	

一. 발음 다지기 코너

1 발음과 성조에 주의하며, 녹음을 따라 읽어보시오. 26

(1) ān   án   ǎn   àn
(2) ēn   én   ěn   èn
(3) āng   áng   ǎng   àng
(4) ēng   éng   ěng   èng
(5) lōng   lóng   lǒng   lòng

2 녹음을 듣고 고르시오. 27

	Ⓐ	Ⓑ
(1)	pān	pén
(2)	máng	mèng
(3)	lěng	lóng
(4)	dèng	dōng
(5)	nán	nèn

3 녹음을 듣고 고르시오.

        Ⓐ   Ⓑ

(1) màn　lán

(2) tāng　děng

(3) fēng　téng

(4) běn　pén

(5) làng　néng

4 녹음을 듣고 성조 기호를 쓰시오.

(1) dong

(2) mang

(3) pang

(4) nan

(5) teng

二. 듣기 다지기 코너

녹음을 듣고 일치하는 그림에 체크하시오.

1 ①　　②　

     (　　　)　　　　　　(　　　)

2 ①　　②　

     (　　　)　　　　　　(　　　)

三. 단어 다지기 코너

중국어	한어병음	한국어 뜻
哪		어느
真的	zhēnde	
谁		누구
	xiānsheng	타인에 대한 존칭. 씨, 분
同屋		룸메이트
只	zhǐ	
男朋友	nán péngyou	
	nǎr	어디
去		가다

四. 한자 다지기 코너

1 아래 간체자를 따라 쓰시오.

去 qù	去	去					
啊 ā	啊	啊					
位 wèi	位	位					
先 xiān	先	先					
谁 shéi	谁	谁					

同 tóng	同	同				
屋 wū	屋	屋				
真 zhēn	真	真				
太 tài	太	太				
里 lǐ	里	里				
男 nán	男	男				
张 zhāng	张	张				

2 중국어 문장을 따라 쓰시오.

你去哪儿? 你去哪儿? _____

这位先生是谁? 这位先生是谁? _____

她是我的同屋。她是我的同屋。_____

你是哪国人? 你是哪国人? _____

你的汉语太好了。你的汉语太好了。_____

我们只是朋友。我们只是朋友。_____

8 祝你生日快乐！Zhù nǐ shēngrì kuàilè!

	an	en	ang	eng	ong
g	gan	gen	gang	geng	gong
k	kan	ken	kang	keng	kong
h	han	hen	hang	heng	hong
zh	zhan	zhen	zhang	zheng	zhong
ch	chan	chen	chang	cheng	chong
sh	shan	shen	shang	sheng	
r	ran	ren	rang	reng	rong
z	zan	zen	zang	zeng	zong
c	can	cen	cang	ceng	cong
s	san	sen	sang	seng	song
	an	en	ang	eng	

一. 발음 다지기 코너

1 발음과 성조에 주의하며, 녹음을 따라 읽어보시오.

(1) rēn　rén　rěn　rèn
(2) gēn　gén　gěn　gèn
(3) hēn　hén　hěn　hèn
(4) cēng　céng　cěng　cèng
(5) chān　chán　chǎn　chàn

2 녹음을 듣고 고르시오.

　　Ⓐ　　Ⓑ
(1) chèn　chēng
(2) zhǒng　zhǎng
(3) cān　céng
(4) rén　rēng
(5) shān　shěng

3 녹음을 듣고 고르시오.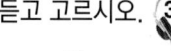

      Ⓐ   Ⓑ

(1) gǒng   hóng

(2) zhēn   zěn

(3) shān   sǎn

(4) hán   kòng

(5) chōng   cóng

4 녹음을 듣고 성조 기호를 쓰시오.

(1) geng

(2) shen

(3) zhang

(4) ran

(5) hong

二. 듣기 다지기 코너

녹음을 잘 듣고 들리는 순서대로 시계의 아래에 번호를 매기시오.

1     

    (   )   (   )   (   )   (   )   (   )

2     

    (   )   (   )   (   )   (   )   (   )

三. 단어 다지기 코너

중국어	한어병음	한국어 뜻
	zhù	기원하다, 빌다
想	xiǎng	
菜		요리, 음식, 반찬
好吃		맛있다
	qǐng kè	한턱 내다
快乐		즐겁다, 유쾌하다
现在	xiànzài	
点		시
没关系	méiguānxi	

四. 한자 다지기 코너

1 아래 간체자를 따라 쓰시오.

想 xiǎng	想	想					
客 kè	客	客					
菜 cài	菜	菜					
猪 zhū	猪	猪					
排 pái	排	排					

骨 gǔ	骨	骨				
祝 zhù	祝	祝				
快 kuài	快	快				
乐 lè	乐	乐				
现 xiàn	现	现				
关 guān	关	关				
系 xì	系	系				

2 중국어 문장을 따라 쓰시오.

你们想吃什么？你们想吃什么？ _____

这家饭馆儿哪个菜好吃？这家饭馆儿哪个菜好吃？ _____

祝你生日快乐！祝你生日快乐！ _____

现在几点了？现在几点了？ _____

对不起。对不起。 _____

没关系。没关系。 _____

9 你的手机号码是多少? Nǐ de shǒujī hàomǎ shì duōshao?

	i	ia	iao	ie	iou	ian	in	iang	ing	iong
b	bi		biao	bie		bian	bin		bing	
p	pi		piao	pie		pian	pin		ping	
m	mi		miao	mie	miu	mian	min		ming	
f										
d	di		diao	die	diu	dian			ding	
t	ti		tiao	tie		tian			ting	
n	ni		niao	nie	niu	nian	nin	niang	ning	
l	li	lia	liao	lie	liu	lian	lin	liang	ling	
j	ji	jia	jiao	jie	jiu	jian	jin	jiang	jing	jiong
q	qi	qia	qiao	qie	qiu	qian	qin	qiang	qing	qiong
x	xi	xia	xiao	xie	xiu	xian	xin	xiang	xing	xiong
	yi	ya	yao	ye	you	yan	yin	yang	ying	yong

一. 발음 다지기 코너

1 발음과 성조에 주의하며, 녹음을 따라 읽어보시오.

(1) yī   yí   yǐ   yì
(2) biē   bié   biě   biè
(3) niū   niú   niǔ   niù
(4) jiān   jián   jiǎn   jiàn
(5) xiāng   xiáng   xiǎng   xiàng

2 녹음을 듣고 고르시오.

    Ⓐ   Ⓑ
(1) liàn   liǎ
(2) qiāo   qiū

(3) piě   piàn
(4) xióng xǐng
(5) nín   níng

3 녹음을 듣고 고르시오.

　　　　Ⓐ   Ⓑ
(1) bié   piě
(2) diàn   tián
(3) jiǔ   qiū
(4) qià   xià
(5) miǎo   niǎo

4 녹음을 듣고 성조 기호를 쓰시오.

(1) xing
(2) qie
(3) niu
(4) lian
(5) qiong

二. 듣기 다지기 코너

1 숫자를 들리는 순서대로 받아 적으시오.

A	B	C	D	E	F	G	H	I	J

2 두 자리 숫자를 다섯 개 들려줍니다. 다섯 개의 숫자와 그 숫자를 모두 더한 값을 적으시오.

(　　　) + (　　　) + (　　　) + (　　　) + (　　　) = (　　　)

三. 단어 다지기 코너

중국어	한어병음	한국어 뜻
手机		휴대 전화
多少		두 자리 수 이상의 수를 묻는 의문사. 얼마
	mǎi	사다
看	kàn	
漂亮		예쁘다
雨伞	yǔsǎn	
	děng	기다리다
在	zài	
喂		(전화에서)여보세요

四. 한자 다지기 코너

1 아래 간체자를 따라 쓰시오.

机 jī	机	机				
号 hào	号	号				
码 mǎ	码	码				
买 mǎi	买	买				
漂 piào	漂	漂				

9 你的手机号码是多少? Nǐ de shǒujī hàomǎ shì duōshao?

亮 liàng	亮	亮				
喂 wèi	喂	喂				
儿 ér	儿	儿				
伞 sǎn	伞	伞				
教 jiào	教	教				
楼 lóu	楼	楼				
等 děng	等	等				

2 중국어 문장을 따라 쓰시오.

你的手机号码是多少? 你的手机号码是多少?

太漂亮了。 太漂亮了。

你有事儿吗? 你有事儿吗?

你在哪儿? 你在哪儿?

你就在那儿等我吧。你就在那儿等我吧。

 你昨天买了些什么? Nǐ zuótiān mǎi le xiē shénme?

	u	ua	uo	uai	uei	uan	uen	uang	ueng
b	bu								
p	pu								
m	mu								
f	fu								
d	du		duo		dui	duan	dun		
t	tu		tuo		tui	tuan	tun		
n	nu		nuo			nuan			
l	lu		luo			luan	lun		
g	gu	gua	guo	guai	gui	guan	gun	guang	
k	ku	kua	kuo	kuai	kui	kuan	kun	kuang	
h	hu	hua	huo	huai	hui	huan	hun	huang	
	wu	wa	wo	wai	wei	wan	wen	wang	weng

一. 발음 다지기 코너

1 발음과 성조에 주의하며, 녹음을 따라 읽어보시오.

(1) wō　wó　wǒ　wò
(2) wāi　wái　wǎi　wài
(3) wēn　wén　wěn　wèn
(4) wāng　wáng　wǎng　wàng
(5) wēng　wéng　wěng　wèng

2 녹음을 듣고 고르시오.

　　Ⓐ　　Ⓑ
(1) duō　duì
(2) tuǒ　tuán

(3) lún   luàn
(4) kuǎ   kùn
(5) huá   huáng

3 녹음을 듣고 고르시오.

    Ⓐ Ⓑ
(1) guī   kuí
(2) hùn   lún
(3) bù   pǔ
(4) huǒ   kuò
(5) guāng huáng

4 녹음을 듣고 성조 기호를 쓰시오.
(1) dun
(2) gua
(3) hu
(4) nuan
(5) kuang

二. 듣기 다지기 코너

녹음을 잘 듣고 존재하는 건물에는 'O', 존재하지 않는 건물에는 'X'를 표시하시오.

1 (   )   (   )   (   )
2 (   )   (   )   (   )
3 (   )   (   )   (   )

三. 단어 다지기 코너

중국어	한어병음	한국어 뜻
钱		돈
大	dà	
附近		부근, 근처
	yuǎn	멀다
超市	chāoshì	
东西		물건
	miànbāo	빵
本子	běnzi	
一共		모두, 합계

四. 한자 다지기 코너

1 아래 간체자를 따라 쓰시오.

超 chāo	超	超				
东 dōng	东	东				
西 xī	西	西				
远 yuǎn	远	远				
些 xiē	些	些				

⑩ 你昨天买了些什么? Nǐ zuótiān mǎi le xiē shénme?

肉 ròu	肉	肉				
面 miàn	面	面				
包 bāo	包	包				
钱 qián	钱	钱				
万 wàn	万	万				
千 qiān	千	千				
校 xiào	校	校				

2 중국어 문장을 따라 쓰시오.

学校附近有超市吗? 学校附近有超市吗?

你昨天买了些什么? 你昨天买了些什么?

那些一共多少钱? 那些一共多少钱?

东西多不多? 东西多不多?

11 他坐飞机来韩国。 Tā zuò fēijī lái Hánguó.

	u	ua	uo	uai	uei	uan	uen	uang	ueng
zh	zhu	zhua	zhuo	zhuai	zhui	zhuan	zhun	zhuang	
ch	chu	chua	chuo	chuai	chui	chuan	chun	chuang	
sh	shu	shua	shuo	shuai	shui	shuan	shun	shuang	
r	ru		ruo		rui	ruan	run		
z	zu		zuo		zui	zuan	zun		
c	cu		cuo		cui	cuan	cun		
s	su		suo		sui	suan	sun		
	wu	wa	wo	wai	wei	wan	wen	wang	weng

一. 발음 다지기 코너

1 발음과 성조에 주의하며, 녹음을 따라 읽어보시오.

(1) rū　　rú　　rǔ　　rù
(2) shuā　shuá　shuǎ　shuà
(3) chuō　chuó　chuǒ　chuò
(4) zhūn　zhún　zhǔn　zhùn
(5) zuī　zuí　zuǐ　zuì

2 녹음을 듣고 고르시오.

　　　　Ⓐ　　　Ⓑ
(1) zhū　　zhuó
(2) shuǎ　shuō
(3) ruǎn　rùn
(4) zuān　zuì
(5) sūn　suǒ

3 녹음을 듣고 고르시오.

        Ⓐ   Ⓑ

(1) zhǔn   zūn

(2) shuǎ   suǒ

(3) chūn   cùn

(4) ruò   chǔ

(5) zuì   suì

4 녹음을 듣고 성조 기호를 쓰시오.

(1) shuang

(2) rui

(3) zhuo

(4) chui

(5) sun

二. 듣기 다지기 코너

1 녹음을 잘 듣고, 들리는 순서대로 교통 수단의 밑에 번호를 매기시오.

  ( )   ( )   ( )   ( )   ( )

2 녹음을 잘 듣고 교통 수단과 그 교통 수단을 이용하는 사람을 서로 연결하시오.

(1)  (2) 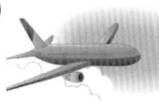 (3)  (4)  (5)

①  ②  ③  ④  ⑤

三. 단어 다지기 코너

중국어	한어병음	한국어 뜻
	xià ge yuè	다음 달
说		말하다, 이야기하다
	huì	(배워서) ……할 수 있다, ……할 줄 안다
坐	zuò	
已经		벌써, 이미
韩语	Hányǔ	
飞机		비행기
怎么	zěnme	
什么时候		언제

四. 한자 다지기 코너

1 아래 간체자를 따라 쓰시오.

会 huì	会	会					
说 shuō	说	说					
坐 zuò	坐	坐					
已 yǐ	已	已					
经 jīng	经	经					

飞 fēi	飞	飞				
机 jī	机	机				
怎 zěn	怎	怎				
时 shí	时	时				
候 hòu	候	候				

2 중국어 문장을 따라 쓰시오.

你哥哥什么时候来韩国? 你哥哥什么时候来韩国?

他怎么来韩国? 他怎么来韩国?

他坐飞机来韩国。他坐飞机来韩国。

他会说韩语吗? 他会说韩语吗?

他是和谁一起来的? 他是和谁一起来?

12 你在做什么呢? Nǐ zài zuò shénme ne?

	ü	üe	üan	ün
n	nü	nüe		
l	lü	lüe		
j	ju	jue	juan	jun
q	qu	que	quan	qun
x	xu	xue	xuan	xun
	yu	yue	yuan	yun

一. 발음 다지기 코너

1 발음과 성조에 주의하며, 녹음을 따라 읽어보시오.

(1) yū　yú　yǔ　yù
(2) yuē　yué　yuě　yuè
(3) yuān　yuán　yuǎn　yuàn
(4) yūn　yún　yǔn　yùn
(5) quān　quán　quǎn　quàn

2 녹음을 듣고 고르시오.

　　Ⓐ　Ⓑ
(1) jùn　jǔ
(2) quē　qún
(3) xué　xuǎn
(4) nüè　nǚ
(5) lüē　lǜ

3 녹음을 듣고 고르시오.

　　Ⓐ　Ⓑ
(1) juān　xuǎn
(2) qù　xǔ
(3) jǔ　quē

(4) xuě jùn

(5) xún jué

4 녹음을 듣고 성조 기호를 쓰시오. 54

(1) lüe

(2) nü

(3) jun

(4) xuan

(5) ju

二. 듣기 다지기 코너 55

중국어 단어를 무작위로 말합니다. 단어와 어울리는 그림을 찾아 들리는 순서대로 번호를 매기시오.

1

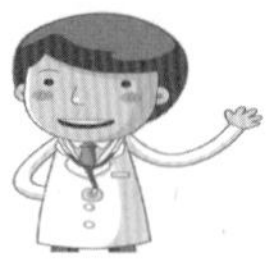
( )

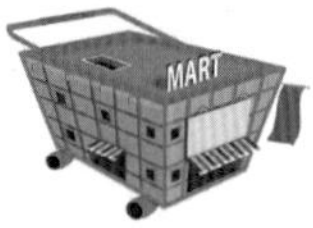

( )

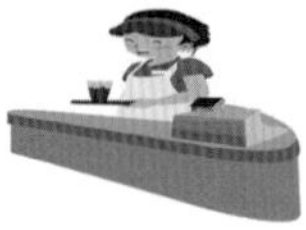
( )

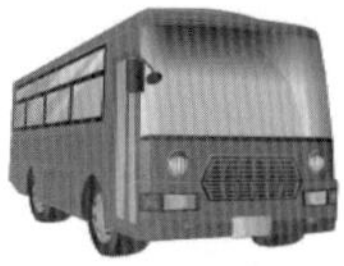
( )

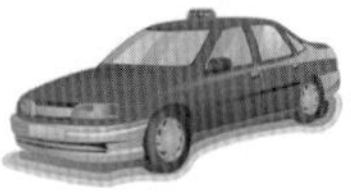
( )

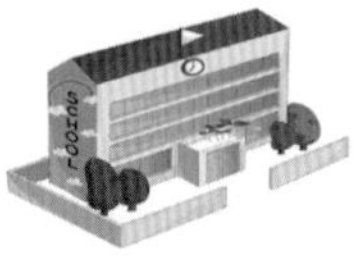
( )

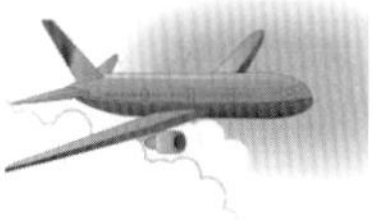
( )

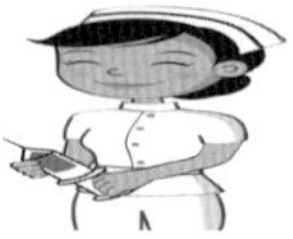
( )

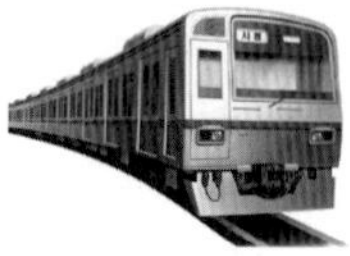
( )

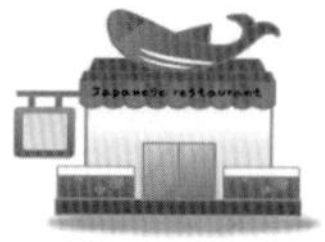
( )

2

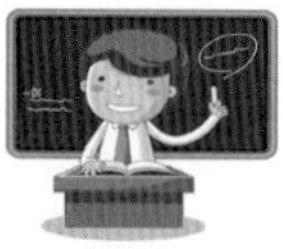
( )

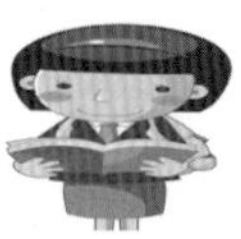
( )

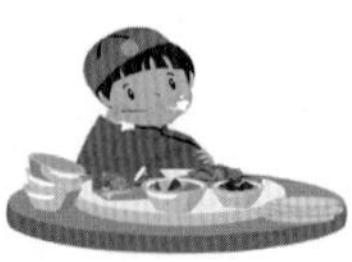
( )

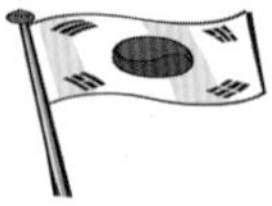
( )

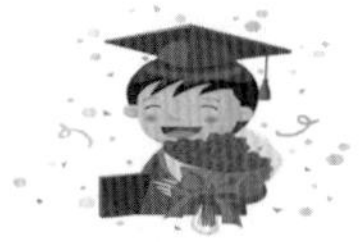
( )

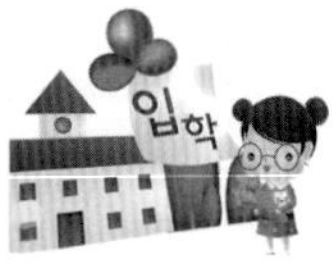

( )

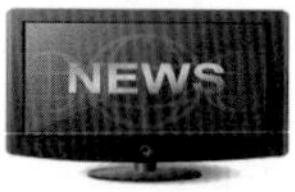

( )

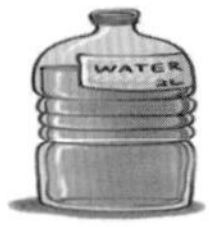

( )

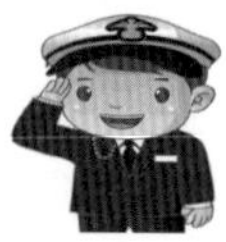
( )

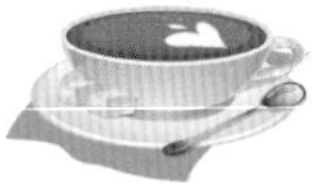
( )

三. 단어 다지기 코너

중국어	한어병음	한국어 뜻
	zài	……하고 있다(진행을 표시)
做		하다
作业	zuòyè	
先		우선, 먼저
工作	gōngzuò	
医生		의사
老师	lǎoshī	
	bì//yè	졸업하다
当		(직무, 직위 따위를)담당하다

四. 한자 다지기 코너

1 아래 간체자를 따라 쓰시오.

做 zuò	做	做				
业 yè	业	业				
医 yī	医	医				
老 lǎo	老	老				
师 shī	师	师				

毕 bì	毕	毕				
业 yè	业	业				
样 yàng	样	样				
院 yuàn	院	院				
当 dāng	当	当				
记 jì	记	记				
者 zhě	者	者				

2 중국어 문장을 따라 쓰시오.

你在做什么呢?　你在做什么呢?　_____

你吃饭了吗?　你吃饭了吗?　_____

你爸爸做什么工作?　你爸爸做什么工作?

_____

她是老师。　她是老师。　_____

我想当记者。　我想当记者。　_____

13 你去过中国吗? Nǐ qù guo Zhōngguó ma?

一. 발음 다지기 코너

1 발음과 성조에 주의하며, 녹음을 따라 읽어보시오.

(1) cānguān   sēnlín   qiānbǐ   yīnyuè
(2) jiāotōng   kēxué   dōngběi   ānjìng

(3) yuánguī   huídá   quántǐ   liúlì
(4) chénggōng   shítáng   tíngzhǐ   láodòng

(5) diàndēng   dàxué   wòshǒu   jiùbù
(6) miànbāo   wèntí   wùlǐ   duànliàn

(7) yǎnchū   huǒchái   bǐsài
(8) jǐnzhāng   jiějué   cǎisè

(9) diǎnlǐ   xiǎozǔ   shǒubiǎo   guǎngchǎng
(10) shuǐguǒ   lǐxiǎng   liǎojiě   yǒngyuǎn

(11) zhuōzi   pútao   nuǎnhuo   gàosu
(12) chuānghu   késou   sǎngzi   yuèliang

2 녹음을 듣고 고르시오.

　　　　Ⓐ　　　　Ⓑ
(1) fāyīn   fāngfǎ
(2) yōudiǎn   yǒumíng
(3) yùnshū   yùnqì
(4) ěrduo   értóng
(5) shǔjià   shùxué
(6) cèyàn   cèhuà
(7) xíngjūn   xuānchuán
(8) zhīchí   zhǔxí
(9) cāochǎng   cáichǎn
(10) róngjiě   rèqíng

3 녹음을 듣고 성조 기호를 쓰시오.

(1) erji

(2) hutong

(3) zhengzhi

(4) qiaqiao

(5) chengren

二. 듣기 다지기 코너

녹음을 잘 듣고 내가 경험한 적이 있는 것에는 'O', 경험한 적이 없는 것에는 'X'를 하시오.

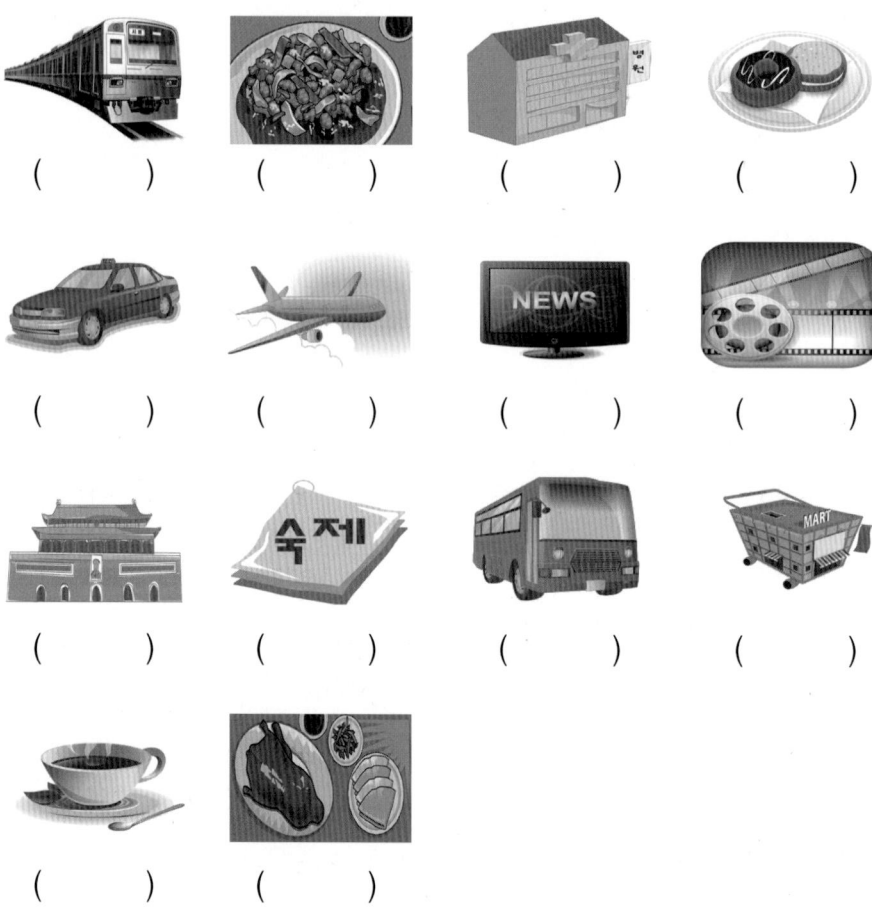

三. 단어 다지기 코너

중국어	한어병음	한국어 뜻
暑假		여름방학
打算		……할 생각이다, ……할 작정이다
	huí	돌아오다, 돌아가다
可以	kěyǐ	
找		찾다
问题		문제
最	zuì	
有名	yǒumíng	
	kǎoyā	(베이징식)오리구이 요리. 카오야

四. 한자 다지기 코너

1 아래 간체자를 따라 쓰시오.

过 guo	过	过				
暑 shǔ	暑	暑				
假 jià	假	假				
算 suàn	算	算				
找 zhǎo	找	找				

问 wèn	问	问				
题 tí	题	题				
最 zuì	最	最				
烤 kǎo	烤	烤				
鸭 yā	鸭	鸭				
可 kě	可	可				
以 yǐ	以	以				

2 중국어 문장을 따라 쓰시오.

你去过中国吗? 你去过中国吗? _____

这个暑假你打算做什么? 这个暑假你打算做什么?

_____

你是哪里人? 你是哪里人? _____

北京什么菜最有名? 北京什么菜最有名?

_____

行，没问题。行，没问题。_____